Diogenes Taschenbuch 21814

KT-415-441

Heinrich Böll

Worte töten
Worte heilen

Gedanken über
Lebenslust, Sittenwächter
und Lufthändler
Ausgewählt und
zusammengestellt von
Daniel Keel
Mit einem Nachwort
von Alfred Andersch

Diogenes

Veröffentlicht als Diogenes Taschenbuch, 1989
Alle Rechte an dieser Auswahl vorbehalten
Copyright © 1986
Diogenes Verlag AG Zürich
100/89/43/1
ISBN 3 257 21814 1

Wir sind machtlos, wir Autoren, aber ohnmächtig sind wir nicht.

Wir gefährden die Demokratie nicht, wir machen Gebrauch von ihr.

Wer die Sprache liebt, weiß, daß sie das menschlichste am Menschen ist und daß sie darum auch der schrecklichste Ausdruck seiner Unmenschlichkeit werden kann: Worte töten, Worte heilen.

Vorsicht! Autoren! Bücher!

Von Schriftstellern, Verlegern und Lesern

Bücher verändern die Welt

Die berüchtigte, bei öffentlichen Diskussionen
so beliebte Frage, ob Bücher die Welt verändern
sollten, ist eine rhetorische Frage; man stellt sie
hin und wieder, damit das Geplauder nicht ab-
breche, während Bücher weiterhin die Welt
verändern, ob sie es sollten oder nicht, ihre Urheber es wollten oder nicht: Bücher verändern
die Welt. Nicht nur Bücher, deren Wirkung
nachweisbar wird, wie etwa Dickens' Romane,
die das englische Schul- und Wohlfahrtswesen
veränderten.

Es gehört zur Ironie des Schreibens, daß oft
Bücher von Autoren, die absichtslos schreiben,
mehr zur Veränderung der Welt beitragen als
die Bücher jener, die sich auf ihre Absichten berufen; der Streit über die »Littérature engagée«
und die reine ist notwendigerweise ein endlo-
ser, solange das eine wie das andere per se als
Qualitätsmerkmal genommen wird und die

Mischungsgrade, die zwischen beiden möglich sind, nicht in ein Koordinatensystem, das zu erfinden wäre, eingeordnet werden; in diesem System müßte ein gutgeschriebenes Buch über Bienenzucht wie ein Fixstern über einem schlechtgeschriebenen stehen, das das Leben des heiligen Paulus zum Gegenstand hat. Mit dem guten Buch über Bienenzucht wäre sogar dem heiligen Paulus besser gedient, als mit einem schlechten über ihn selbst.

Mag sich ein Sechzehnjähriger antiquarisch einen Band Nietzsche kaufen oder eine junge Dame in modischem Fieber nach dem Buch verlangen, das »man gelesen haben muß« – weder Nietzsche noch der Kandidat auf der Fieberliste werden je erfahren, was sie angerichtet haben. Wir Eingeweihten glauben genau zu wissen, wohin Karl May gehört, wohin Marcel Proust, für den Betroffenen ist es gleichgültig, wo er sich sein Fieber geholt hat: ob in der Straßenbahn, die durch schmutzige Vorstädte fuhr, oder in einem Salon, wo zart die Teetassen klirrten.

Ein Doppelleben führen, das klingt erregend, die Anzahl der Leben eines Buches ist unbekannt; über dem gleichen Buch, das ein Doktorand in schlafloser Nacht zu analysieren unternimmt, sitzen in der gleichen Nacht die

Kundin einer Leihbibliothek und ein Buchhandelslehrling; alle drei geben der Uhr, die ihre Finger drohend dem Morgen entgegenstreckt, immer wieder eine neue Frist; erregt sind sie alle, doch was den einen in Hitze versetzt, läßt den anderen kalt; würde der Doktorand erfahren, daß die Kundin der Leihbibliothek das Buch einfach »spannend« findet, er würde sich eine solche Beleidigung seines Autors verbitten: er liebt die Härte des Stils, der Lehrling ist von des Autors Sanftmut entzückt.

Schade, daß die Brüderschaft, die zwischen den dreien möglich sein müßte, nie gestiftet werden wird. Drei Leben? Dreihundert Leben haben sogar die Sorgenkinder der Verleger, und was besagen Ziffern, wenn die Qualität des einzelnen Lebens unerforschbar bleibt? Bücher sind wehrlos wie ihre Urheber, sie erscheinen in Massen, gehen in Massen unter; vielleicht fischt sich einer, der eben geboren wurde, wenn er fünfzehn ist, als ein Fünfzehnjähriger ein Buch aus der Kiste des Antiquars, das verramscht wurde, bevor er noch geboren war – und wird vom Fieber ergriffen.   1960 (1/386f)

Es ist kein Zufall, daß immer da, wo der Geist als eine Gefahr angesehen wird, als erstes die Bücher verboten, die Zeitungen und Zeitschriften der Zensur ausgeliefert werden: zwischen zwei Zeilen, auf dieser winzigen, weißen Schußlinie kann man Dynamit anhäufen, genug, um Welten in die Luft zu sprengen. In Polen wurden vor dem Oktoberaufstand manche Zeitungsnummern wie Reliquien herumgereicht, wurden Leitartikel wie Glaubensartikel vorgelesen, Bücher wurden so kostbar wie jenes Brot, nach dem die Aufständischen verlangten.

Bücher sind nicht immer sanfte Freunde, Trostspender, die wie mit zierlichen Gartengeräten die eigene Seele wie einen kleinen Vorgarten pflegen: die Sprache ist etwas zu Gewaltiges, zu Kostbares, als daß sie zu bloßem Zierat dienen sollte, sie ist des Menschen wertvollster natürlicher Besitz: Regen und Wind, Waffe und Geliebte, Sonne und Nacht, Rose und Dynamit; aber niemals nur eins von diesen: sie ist nie ungefährlich, weil sie von allem etwas enthält: Brot und Zärtlichkeit, Haß, und in jedem, jedem winzigen Wort ist etwas immer enthalten, wenn auch unsichtbar, unhörbar, unnahbar:

Tod. Denn alles Geschriebene ist gegen den Tod angeschrieben. 1959 (1/306)

Schreibmaschine gegen Panzer, Maschinenpistole und ganze Heere von Spitzeln? Da lachen doch die mächtigen Herren dieser Erde, die sogar den Papst nach seinen nicht vorhandenen Divisionen messen. Oder lachen sie schon lange nicht mehr, wenn ihnen da vor Augen kommt oder berichtet wird von dem, was Schreibmaschine, Bleistift oder Kugelschreiber alles an- und ausrichten? Bücherverbrennung, Bücherverhinderung, Bücherausmerzung in Bibliotheken, Verbannung, Haft, Folter, Einweisung in Irrenhäuser für die, die da in vielen Teilen der Welt betreiben, was unter dem Namen »Samisdat« in seiner russischen Version bekanntgeworden ist, beweisen, daß beschriebenes Papier gefürchtet wird. 1983 (4/172)

*Immer mehr werden merken, welchen Spaß
es macht, mit eigenen Augen zu lesen*

Wenn die Etymologen recht haben, Buch von Buche kommt, von Buchenholztafeln, auf die Sprüche, auch Mitteilungen eingeritzt waren, dann wird das Buch noch lange leben. Wenn nach der totalen Verkabelung noch einige übrigbleiben, die tatsächlich lesen wollen, werden wir möglicherweise zu Buchenholztafeln oder Tontafeln zurückkehren müssen. Wir vergessen, daß Buch nicht nur das Bücherschrankbuch ist.

Angesichts der Tatsache, daß die Verleger so gierig aufs Kabelgeschäft starren, ihren (vorläufigen) Untergang so eifrig mitbetreiben, wird sich wahrscheinlich eine westliche Abart des *Samisdat* entwickeln, wie er von vielen kleinen Verlegern schon betrieben wird.

Wenn sich die Bibliotheken dann – notgedrungen und notwendigerweise – auf Lesegeräte umstellen, sozusagen Textträger statt Bücher, so brauchen sie immer noch das Buch als Vorlage für den Textträger. Es wird immer wieder und immer noch Menschen geben, die das Geschriebene in der Hand haben wollen, nicht nur im Auge, im Textträger oder Videogeflimmer. Und wenn dann selbst das altväterliche Kopiergerät nicht mehr zur Hand sein sollte – Buchen- oder Tontafeln.

Möglich auch, daß einige übrigbleiben, die das Geschriebene in der Tasche haben möchten, möglich aber auch, daß es eines Tages gar keine Kleidungsstücke mit Taschen mehr gibt: Eine schnupfenfreie, durchhygienisierte Welt braucht ja keine Taschentücher, und die Haustür wird durch irgendein magisches Auge geöffnet.

In Raum-Welten und Raum-Anzügen ist kein Platz für Bücher vorgesehen – und alle Autoritäten wissen längst: Leser sind gefährliche Leute, die wollen das Geschriebene in der Hand haben, wollen noch einmal lesen, nachschlagen, nachdenken – es ist also besser, alles vorüberflimmern zu lassen.

Geschriebenes wird es immer geben, selbst das Drehbuch für den blödesten aller Videofilme muß ja geschrieben, wenigstens skizziert werden. Da wird es eben die Hartnäckigen, die Widerständigen geben, die nicht nur in Bildern sehen, sondern in Buchstaben lesen möchten. Das Schreiben wird bleiben – sogar »Dallas« ist ja geschrieben! – das Bücherschrankbuch und das Buch, das man einfach in die Tasche steckt, werden vorübergehend Einbußen erleiden (es ist mir unbegreiflich – da verweigere ich einfach die Analyse! –, daß es Menschen gibt, die Dallas auch noch lesen wollen!)

Der Sprung von drei auf dreiunddreißig Programme wird möglicherweise den Appetit auf Bilder vergrößern, aber die Augen werden größer sein als der Magen, und dann wird's kommen: das Sodbrennen, vielleicht das Kotzen? Magengeschwüre, wenn alles, alles ver- »bild«ert ist, auf Schlagzeilen reduziert – und alles, alles weggehudelt wird, was Literatur ausmacht: Sprache, Ausdruck, Phantasie.

Es wird immer welche geben, die lesen wollen – mit eigenen Augen. Wie viele es sein werden, das hängt von der geistig moralischen Erneue- rung ab und vom Widerstand!   1983 (4/194ff)

Literatur und Politik

Die Politiker bilden sich immer zuviel ein, wenn sie sich von zeitgenössischer Literatur – und das trifft nicht nur für unsere Epoche und nicht nur für Deutschland zu – gestört, in ihren löblichen Absichten gekränkt sehen. Was poli- tisch oder sozialkritisch an der zeitgenössischen Literatur sein mag, ergibt sich aus dem jeweils vorkommenden Material. Ein Autor sucht Ausdruck, er sucht Stil, und da er mit dem schwierigen Geschäft zu tun hat, die Moral des Ausdrucks, des Stils, der Form mit der Moral des Mitgeteilten übereinzubringen, werden Po- litik und Gesellschaft, ihr Wortschatz, ihre Ri- ten, Mythen, Gebräuche zum vorkommenden,

vorhandenen Material. Wenn sich die Politiker und die Gesellschaft gekränkt oder bedroht fühlen, so erkennen sie nicht, daß es dabei immer um mehr als um sie geht. Sie sind nicht einmal ein Vorwand, nur selten ein Anlaß, kaum jemals auch als Modell geeignet: Es geht über sie hinweg, an ihnen vorbei. Ein Autor nimmt nicht Wirklichkeit, er hat sie, schafft sie, und die komplizierte Dämonie auch eines vergleichsweise realistischen Romans besteht darin, daß es ganz und gar unwichtig ist, was an Wirklichem in ihn hineingeraten, in ihm verarbeitet, zusammengesetzt, verwandelt sein mag. Wichtig ist, was aus ihm an geschaffener Wirklichkeit herauskommt und wirksam wird.
1964 (2/54)

Wenn ein Schriftsteller gelegentlich tut, was jeder Politiker, Publizist, Kommentator gelegentlich ebenfalls tun muß: das »Gewissen der Nation aufrütteln«, so könnte er das gar nicht mehr, wenn er selbst der Sitz dieses Gewissens wäre. Er müßte ja dann sich selbst »aufrütteln«: eine peinliche Turnübung im stillen Kämmerlein, und ich hab' nun mal was gegen's stille Kämmerlein. Etwas, das so umfangreich ist, wie es das Gewissen einer Nation sein sollte, kann in der Brust eines Schriftstellers nicht untergebracht werden: sie wäre zu klein – und zu unzuverlässig. Das Gewissen einer Nation muß aus sehr vielen, einander korrigierenden Instrumenten bestehen, die gelegentlich in offenen Konflikt geraten können.   1973 (3/17)

Es ist schon nicht mehr absurd, es ist irrsinnig, daß Umwelt und Gesetzgeber, die dauernd mit den Produkten dieses merkwürdigen Wesens Schriftsteller konfrontiert sind, nicht nur so wenig, sondern gar nichts von den Umständen zu wissen scheinen, unter denen dieses Wesen arbeitet. Das gesellschafts- und steuerpolitisch Interessante an einem Autor ist, daß er mit Produktionsmitteln von lächerlich geringer Aufwendigkeit allein, ohne andere Arbeitskräfte auszubeuten, dieses seltsame Etwas zustande bringt, das man Manuskript nennt und das in dem Augenblick, wo es, auf den Tisch des Verlages gelegt, zur Publikation bestimmt, unvermeidlicherweise zum Handelsobjekt wird, mag der Verfasser nun James Joyce oder Jerry Cotton heißen.   1969 (2/378f)

Gesinnung gibt es immer gratis

Die Manifeste der Engagierten sind meistens so peinlich wie die Gegenerklärungen derer, die sich für nicht engagiert erklären. Ich weiß nur, daß Betrug stattfindet, wenn ein Autor um seiner (jeweilig) guten Gesinnung wegen gelobt, ihm die Form, in der er diese bietet, verziehen wird; wenn einer um seiner (jeweiligen) bösen Gesinnung wegen getadelt wird, die möglicherweise gute Form in einem Nebensatz abgetan wird.

Wenn es wahr wäre, daß gute Literatur und gute Gesinnung einander bedingen, brauchte ja über die (jeweilig) gute Gesinnung kein Wort mehr verloren zu werden, dann müßte ja gute und schlechte Gesinnung an ihrer Form allein erkannt werden können. Alle Doktrinen, auch die Religionen, die sich meist auf ein paar doktrinäre Formeln reduzieren, müßten ihre eigene Ästhetik entwickeln und vorlegen, öffentlich bekanntgeben. Das wäre eine verhältnismäßig klare Sache, weil sich zeigen würde, daß es freie Kritik gar nicht gibt.

Kein Autor sollte sich seine Gesinnung honorieren lassen. Nichts ist ja peinlicher, als wenn einer wegen etwas gelobt wird, das selbstverständlich und natürlich auch gratis gegeben wird: seine Gesinnung. Das ist ja fast, als würde einer seiner hübschen Locken wegen gelobt oder wegen seiner Glatze getadelt.   1964 (2/21f)

Autor und Verleger

Was ein Verleger Büchern gegenüber sein muß, ein Autor nie sein darf: Optimist; natürlich gibt es optimistische Autoren und nichtoptimistische Verleger, aber in dem einen steckt immer ein verhinderter Verleger, in dem anderen immer ein verhinderter Autor. Es gehört eine bestimmte Art verrückten Mutes dazu, ein Buch zu schreiben: der Wunsch, diesem unendlichen Ozean von Vergänglichkeit einen freundlichen oder zornigen Fetzen Dauer zu entreißen; der Mut, der dazu gehört, ein Buch zu verlegen, ist, wenn auch anderer Art, doch nicht geringer: Er schließt die Zuversicht ein, daß dieses, jedes Buch der Vergänglichkeit trotzen wird. Der Autor hat seinen Mut verbraucht, wenn er aus Papier Manuskript gemacht hat (wäre ich Verleger, ich würde zuversichtlichen Autoren mißtrauen!); im Zustand der Mutlosigkeit trifft er auf jenes ihm unbegreifliche Wesen, das ihm sein Manuskript ab-, aus der Hand nimmt, zum Gegenstand *seines* Mutes macht. (Das erfolgreichste Buch, das wir miteinander gemacht haben, war das, gegen das ich mich vier Jahre lang heftig gesträubt habe!) Natürlich hat so ein Verleger seine Hilfstruppen: Lektoren und Übersetzer, Prokuristen und Vertreter, Werbung und Auslieferer; gerunzelte Stirnen, erfolgssicher leuchtende Augen, Bilanzen und Buchungsbelege werden ihm in den Weg gelegt oder mit auf den Weg gegeben; es gehört wohl zur Bitterkeit der Siege und Niederlagen, daß sie nie an oder auf die Generalstabsoffiziere fallen, immer an oder auf den Feldherrn, der den Tag und die Stunde bestimmt oder versäumt hat; er bekommt als erster den Orden und den Rüffel, gibt den letzteren weiter.

Wie schlimm, daß der Geist auf den Markt gehen, dort seine Schlacht schlagen und siegen muß. Wie schlimm, daß Verlegermut wenig nützt, wenn nicht irgendwoher jene geheimnisvolle Substanz kommt, ohne die auch Kriege nicht geführt werden können: Geld, nie ganz rein, nie ganz schmutzig, nur durch Arbeit vermehrbar; Haß und Krieg, Liebe und Frieden, Hunger und Nichts; geheimnisvolle Substanz, für die der eine seine Ehre ver-, der andere sie erkauft; ehrlos, ehrwürdig; Brot, Wein, Haus und Heimat und Blut; und doch: Noch nie ist einer durch Geld allein Verleger geworden und keiner es geblieben, der's nicht immer wieder aufs Spiel setzte, ins Spiel einbrachte; vorsichtige Verleger sind verhinderte Autoren, die ihren Mut nicht auf das rechte Vehikel gesetzt haben; die den Markt scheuen; oder sie sind zu sehr, was ein Verleger nie sein darf: Kaufleute, für die ein Buch ist, was es nie ist: *nur* Ware; für einen rechten Kaufmann muß ein Verleger ein unseriöser Partner sein, der Kopfschütteln, Zweifel, Angst und Bewunderung auslöst. 1966 (2/210f)

»christlich«

Mir erscheint die Trennung des Jesus vom Christus wie ein unerlaubter Trick, mit dem man dem Mensch*gewordenen* seine Göttlichkeit nimmt und damit auch allen Menschen, die noch auf ihre Menschwerdung warten. Da ich mich nicht mehr Christ nennen möchte und auch nicht mehr so genannt werden möchte angesichts der Tatsache, daß alle institutionellen Verwendungen des Wortes »christlich« (bei der CDU/CSU etwa, in der sogenannten Amtskirche) es mehr und mehr zu einem Schimpfwort machen, kann ich nicht einfach auf Jesus ausweichen, der zwar Mensch war, aber mensch*geworden*. Ich kann das Menschliche vom Göttlichen so wenig trennen wie Form vom Inhalt; wie das, was »gemeint« ist, von dem, wie sich dieses »Gemeinte« ausdrückt. Natürlich machen nicht alle, die sich Christen nennen, das Wort zu einem Schimpfwort; es mag deren unzählige geben, die noch Anspruch auf diesen Titel haben. Ich möchte dieses Wort weder in seiner Form als Substantiv noch in seiner Form als Adjektiv weiter für mich beanspruchen. – –

An der Gegenwart des Menschgewordenen werde ich nie zweifeln. Aber Jesus allein? Das ist mir zu vage, zu sentimental, zu storyhaft, zu sehr eine »rührende Geschichte«. Die »offiziellen« Christen haben alles, was menschlich sein . könnte, zu einem zynischen Schwindel gemacht. Ich kann das nicht anders als gesellschaftlich-politisch sehen. 1973 (3/15)

Die Bergpredigt

Die ehrfürchtigsten Urteile über die Bergpredigt habe ich von sowjetischen Autoren gehört, von solchen, die dort noch leben, keineswegs alle Dissidenten, die meisten Agnostiker.

Ich weiß, die Sowjet-Union wird nicht nach den Regeln der Bergpredigt regiert, wer würde das auch von einem Staat erwarten, der sich als atheistisch-materialistisch definiert. Wie definieren wir uns? Wir unterscheiden uns in nichts von den Nichtchristen, die in gesteigerter Absurdität auf- und auf- und aufrüsten, um Abrüstung zu bewirken. Familie, Besitz, möglichst Familienbesitz – das sind lauter »christliche« Werte, die alle »Heiden« ebenso beanspruchen können.

Weder Raketen noch konventionelle Waffen

bringen eine frohe Botschaft und verteidigen sie auch nicht. Frieden ist möglich, und die Bergpredigt ist abgelegt. Auch ohne sie ist Frieden möglich, auch Atheisten sind friedensfähig, sogar Materialisten, vielleicht kommt das Christentum aus dem gebeutelten Lateinamerika als Jesustum zu uns zurück, nachdem es das militante C und das militante K (für Kapitalismus *und* Kommunismus) überwunden hat, und macht die Bergpredigt wieder brauchbar.

Aus einem Schweizer katholischen Katechismus von 1975 hat Franz Alt ein schönes Zitat bereit. Frage: »Sind die Anweisungen in der Bergpredigt wörtlich zu nehmen?« Antwort: »Die Anweisungen in der Bergpredigt sind nicht wörtlich zu nehmen, weil das sowohl im privaten wie im öffentlichen Leben zu unhaltbaren Zuständen führen würde.« Na, also. Selten so gelacht. Die unhaltbaren Zustände in Lateinamerika, in fast allen ehemaligen Kolonien, in der Dritten Welt sind, die unhaltbaren Zustände in Auschwitz, Stalingrad, Vietnam, Korea und im Libanon waren *nicht* auf die Bergpredigt zurückzuführen.

Vielleicht hätte das Christentum noch eine Chance, wenn es zum Jesuschristentum würde. Beides, Jesustum und Christentum, sind keine notariell verbrieften Besitzstände. Es gehört allen, auch denen, die sich nicht dazu bekennen. Ein paar Hinweise auf Lateinamerika waren notwendig, weil das »Feindbild«, dieses festgefressene Zeichen krankhafter Dummheit, dort eine mörderische Wirkung hat, die es hier nicht haben muß. Es gibt so viele Arten »Kommunismus«, wie es Arten »Christentum« gibt und Arten »Sozialismus«.

Es gibt glaubwürdige Formen des Christlichen, des Jesuanischen, es sind nicht die Menschen, die sich christlich definieren, es sind die Politiker, die sich das C an die Brust heften, die es immer weniger glaubwürdig machen – oder durch ihre militante Arroganz zu seiner Degenerierung beitragen. Eins sollte man doch wissen: Kreuzzüge sind nicht gefragt, sie bringen mehr Unglauben hervor als Glauben. Die »totale Abschreckung« könnte eine unerwünschte Folge haben: daß das Christentum abschreckender wird, schreckenerregend in der Anmaßung, »christlich« zu sein im kapitalistischen Panzer. 1983 (4/120ff)

Das haben wir mit den kolonisierten Völkern gemacht: ihre Demut, die Poesie dieser Demut in Demütigung für sie verwandelt. Wir wollen immer unterwerfen und erobern, kein Wunder in einer Zivilisation, deren erste fremdsprachige Lektüre lange Zeit der *Bellum Gallicum* des Julius Caesar und deren erste Einübung in Selbstgefälligkeit, in klipp und klare Antworten und Fragen der Katechismus war, irgendein Katechismus, eine Fibel der Unfehlbarkeit und der restlos, fix und fertig geklärten Probleme.

Darf ich nicht erwarten, daß man der Vernunft der Poesie nicht nur vertraut, sondern sie bestärkt, nicht daß man sie in Ruhe lasse, sondern ein wenig von ihrer Ruhe annehme und von dem Stolz ihrer Demut, die immer nur Demut nach unten, nie Demut nach oben sein kann. Respekt verbergen sich in ihr, Höflichkeit und Gerechtigkeit und der Wunsch, zu erkennen und erkannt zu werden.

Ich will hier keine neuen Missionseinstiege und -vehikel liefern, aber ich glaube, im Sinne der poetischen Demut, Höflichkeit und Gerechtigkeit sagen zu müssen, daß ich viel Ähnlichkeit, daß ich Annäherungsmöglichkeiten sehe zwischen dem Fremden im Camusschen

Sinne, der Fremdheit des Kafkaschen Personals und dem verkörperten Gott, der ja auch ein Fremder geblieben ist und – sieht man von ein paar Temperamentsentgleisungen ab – auf eine bemerkenswerte Weise höflich und wörtlich. Warum denn wohl hat die katholische Kirche lange – ich weiß nicht genau wie lange – den direkten Zugang zu den Wörtlichkeiten der für heilig erklärten Texte versperrt oder ihn in Latein und Griechisch versteckt gehalten, nur Eingeweihten zugänglich? Ich denke mir, um die Gefahren auszuschließen, die sie in der Poesie des verkörperten Wortes witterte, und um die Vernunft ihrer Macht vor der gefährlichen Vernunft der Poesie zu schützen. Und nicht zufällig ist doch die wichtigste Folge der Reformationen die Entdeckung von Sprachen und ihrer Körperlichkeit gewesen. Und welches Imperium ist je ohne Sprachimperialismus ausgekommen, das heißt, der Verbreitung der eigenen, Unterdrückung der Sprache der Beherrschten? In diesem, in keinem anderen Zusammenhang sehe ich die diesmal nicht imperialistischen, sondern scheinbar anti-imperialistischen Versuche, die Poesie, die Sinnlichkeit der Sprache, ihre Verkörperung und die Vorstellungskraft – denn Sprache und Vorstellungskraft sind eins – zu denunzieren und die falsche Alternative Information oder Poesie als eine neue Erscheinungsform des *divide et impera* einzuführen. Es ist die nagelneue, fast schon wieder internationale Arroganz einer Neu-Vernunft, die Poesie der Indianer als gegenherrschaftliche Kraft möglicherweise zuzulassen, den Klassen im eigenen Land, die man befreien möchte, die eigene aber vorzuenthalten.

Die mit Nostalgie gemischte Abfälligkeit, die in den Ausdrücken Volkssprache, Slang, Jargon liegen mag, berechtigt nicht dazu, nun auch die Poesie auf den Abfallhaufen zu verweisen und alle Formen und Ausdrucksarten der Kunst dazu. Darin liegt viel Pfäffisches: anderen Verkörperung und Sinnlichkeit vorzuenthalten, indem man neue Katechismen ausarbeitet, wo von einzig richtigen und wahrhaft falschen Ausdrucksmöglichkeiten gesprochen wird. Man kann nicht die Kraft der Mitteilung von der Kraft des Ausdrucks, den diese Mitteilung findet, trennen; es bahnt sich da etwas an, das mich an die theologisch ziemlich langweiligen, als Beispiel von verweigerter Verkörperung aber wichtigen Streitereien um die Kommunion in beiderlei Gestalten erinnert, der dann, was den katholischen Teil der Welt betraf, auf die Blässe der Hostien reduziert wurde, die man ja nicht einmal Brot nennen konnte. Schweigen wir von den Millionen Hektolitern vorenthaltenem Wein! Es lag eine arrogante Verkennung nicht nur der Materie darin, mehr noch dessen, was diese Materie verkörpern sollte.

Man kann keine Klasse befreien, indem man ihr zunächst etwas vorenthält, und mag sich diese neue Schule des Manichäismus auch a- oder antireligiös geben, sie übernimmt damit ein kirchenherrschaftliches Modell, das mit der Verbrennung von Hus enden könnte und mit der Exkommunikation Luthers. Man mag getrost über den Begriff der Schönheit streiten, neue Ästhetiken entwickeln, sie sind überfällig, aber sie dürfen nicht mit Vorenthaltungen beginnen, und sie dürfen eins nicht ausschließen: die Möglichkeit der Versetzung, die die Literatur bietet: sie versetzt nach Süd- oder Nordamerika, nach Schweden, Indien, Afrika. Sie kann versetzen, *auch* in eine andere Klasse, andere Zeit, andere Religion und andere Rasse.

1973 (3/44ff)

Deutschstunden

Ein bildungsverletztes Volk

Die Deutschen sind ein bildungsverletztes Volk, diese Verletztheit schafft die günstigsten Voraussetzungen für Demagogie, sie schafft Bildungsstände, Reserven, Gereiztheiten. Es braucht sich einer nur die Bildungsriten führender Nationalsozialisten anzusehen: Gescheiterte, Verletzte – und informiert er sich darüber, wie diese Gescheiterten und Verletzten die Macht über die deutsche Universität ergriffen haben, so entsteht ein peinliches Bild. Die Gebildeten in ihrer für die Deutschen reinsten Inkarnation, die Professoren, sind dieser Machtergreifung gegenüber nicht etwa machtlos gewesen, sie haben von ihrer Macht keinen Gebrauch gemacht, sind der Gewalt gewichen. Ich brauche die Ausnahme nicht zu erwähnen, die Regel war zu peinlich. Es hat an Größe gefehlt. Das heftige, mit demagogischen Vokabeln geführte Gefecht gegen die Intellektuellen, das heute stattfindet, hat seine Ursache in derselben Bildungsverletztheit. Mischt sich in diese Bildungsverletztheit hohe Intelligenz, die ihren Gegenstand, ihre Bildung nicht gefunden hat, entsteht eine lebensgefährliche demagogische Potenz.

Eine neue Machtergreifung allerdings würde die Universitäten nicht mehr gefährden. Sie sind in ihrer eigenen, im eigentlichen Sinn des Wortes mittelalterlichen Freiheit privilegiert, immun, unangreifbar und außerdem für den Staat ungefährlich.

Wo Wissenschaft als solche auftritt, mit dem Pomp, der ihr gewährt ist, ist sie unangreifbar, und da sie außerdem über die Naturwissenschaften, die Medizin und die Sozialwissenschaften nicht nur mit der Industrie verbündet, sondern manchmal fast ein Teil von ihr ist, droht ihr keine Gefahr mehr. Wie die Wissenschaft diese ihre eigentliche, von nun an permanente Krise (daß ihr *geglaubt* wird) überstehen wird, ist wohl meine Sorge, aber nicht mein Problem. 1964 (2/47f)

Unsere Abneigung gegen das Alltägliche

Die Abneigung der Deutschen gegen Provinzialismus, gegen das Alltägliche, das eigentlich das Soziale und Humane ist, ist eben provinzlerisch. Provinzen werden zu Orten der Weltliteratur, wenn ihnen Sprache zugewachsen ist, zugetragen worden ist: ich nenne nur Dublin und Prag. Wir verlieren zu viele Worte, werfen sie weg, Welt, das ist für uns große Welt, große Welt ist große Gesellschaft, und der großen Gesellschaft fehlt die Größe; die Politiker sind sprachlos oder nichtssagend. Es ist eine Art Ausverkauf im Gange – die Sprachwissenschaft, gestützt und finanziert vom Staat, könnte billig einkaufen: Worte, sie könnte sie sammeln, ordnen. Das sind ein paar Einfälle, Anregungen, möglicherweise verspätet oder überflüssig, ich weiß nicht, was hier schon im Gang oder geschehen ist.

Das Vokabular der großen Welt ist so nichtssagend wie das der Politik: in eine Ästhetik der gesprochenen Sprache eingeordnet, würden ein Flickschuster und eine Marktfrau König und Königin, verglichen mit den nichtssagenden Worten, die die große Welt anzubieten hat.

Die Deutschen – und ich mache da keinerlei gesellschaftlichen Unterschied – warten auf Gebundenheit, finden aber nur Gesellschaft; kein Vertrauen; es ist nicht Zufall, daß sie so viel reisen, anderswo Humanes und Soziales

suchen, den Alltag anderer Länder bewundern.
1964 (2/38f)

Rhein, Köln und Katholizismus

Wir Deutsche haben unserer Sprache erst sehr
spät in unserer Geschichte die volle Ehre erwiesen, und wir verdanken den endgültigen Besitz
unserer großen und schönen Sprache der Bibel-
übersetzung des Martin Luther, und wir sind
nicht das einzige europäische Volk, dem die
Unermeßlichkeit der Bibel im strengsten Sinn
des Wortes ihre eigene Sprache erst erschloß
und sie aus der Unterdrückung durch ein ver-
trocknetes Latein befreite.

Die Verächtlichkeit den Deutschen gegenüber entdeckte ich neulich im Dialekt meiner
Heimat an dem Wort »verdötscht«, was so viel
bedeutet wie blöd, dumm oder auch, um es jid-
disch auszudrücken, ungefähr die Bedeutung
von meschugge hat. Spät auch, vielleicht sogar
zu spät, sind wir Deutsche auch Nationalisten
geworden – desto gründlicher und gräßlicher
wurden wir es, und, wie ich meine, desto
gründlicher auch davon kuriert.   1974 (3/178)

Daß wir Deutsche waren, war uns vor 33 zu selbstverständlich gewesen, als daß wir viel nachgedacht hätten: es war uns auch zu gewiß, wir waren dessen zu sicher, denn wahrscheinlich ist ja das Wort deutsch ohnehin in dem Dreieck zwischen Aachen, Mainz und Köln entstanden. Wir waren sozusagen gedankenlos deutsch, schrieben, sprachen, lasen deutsch, nahmen das nicht so ernst. Wie fürchterlich ernst es werden konnte, deutsch zu sein, bekamen wir 1933 zu spüren und 1945 und natürlich zwischen diesen beiden Daten. Hätte mich jemand vor 1933 gefragt, welche Elemente ich als bestimmend für mich und eine mögliche Existenz als Autor bezeichnen würde, so hätte ich wahrscheinlich drei Elemente in folgender Reihenfolge genannt: den Rhein, Köln und den Katholizismus, der für den Sechzehnjährigen mindestens so ambivalent war wie er für den Sechsundfünfzigjährigen ist. Das Deutsche als ein bestimmendes Element einer intellektuellen Existenz zu benennen, wäre mir nicht eingefallen: es war zu selbstverständlich. 1974 (3/181)

Gehorsam

Im Zusammenhang mit dem Versuch, die totale Herrschaft der Wissenschaften zu deuten, bezeichnete ich Gehorsam und Unterordnung als die einzige soziale Wirklichkeit, die die Deutschen im Verlauf ihrer bisherigen Geschichte angenommen haben; einfacher gesagt: Die Deutschen gehorchen so gern, wie sie gern Gehorsam fordern. Die peinlichste Szene – peinlich erscheint mir hier als der angebrachte Ausdruck, der Krieg war vorüber und ich fühlte mich befreit, nicht mehr nur als notgedrungen Verkleideter, sondern ganz als Zivilist –, die peinlichste Szene, an die ich mich erinnere, ist das zackige und eifrige Vortreten einiger Mitgefangener beim ersten Appell in einem amerikanischen Gefangenenlager: Wenige Stunden nachdem sie noch Durchhalten und Mord gepredigt hatten, erklärten sie sich bereit, sich als Verbreiter demokratischer Gedanken schulen zu lassen.

Ich weiß nicht, ob es so etwas wie befohlene Demokratie geben kann – man sollte über diese Formel nachdenken, nachdenken auch über das Wort Befehl: Es ist ein Wort, das vor Gericht gehört, ein Wort, das ausgelöscht werden sollte. Selbst eine ganze Armee nihilistischer Schriftsteller könnte nicht andeutungsweise so viel anrichten, wie dieses Wort angerichtet hat. 1964 (2/50ff)

Eine riskante Deutschstunde

Es gehört zu den beängstigenden Merkwürdigkeiten der deutschen Geschichte, daß eines der am meisten verkauften und verschenkten, am meisten verbreiteten Bücher, Hitlers *Mein Kampf*, eines der wichtigsten Bücher, das man wirklich hätte lesen müssen, von nur sehr wenigen gelesen wurde. Der Vergleich mit der Bibel, der es Konkurrenz machte, trifft zu: auch die Bibel wurde nicht von sehr vielen gelesen. Wahrscheinlich hätte auch ich *Mein Kampf* nicht gelesen, wäre es nicht Pflichtlektüre in der Schule gewesen. Es war eine mühsame Lektüre, eine Zumutung: ich bewundere heute noch den Mut unseres Deutschlehrers, der auf eine trockene, wenn man genau hinhörte, verächtlich-verachtungsvolle Weise, diesen in den Jahren 1935/36 schon hochheiligen Text ohne jede Ehrfurcht »auseinandernahm«, zerlegte, und uns die Aufgabe stellte, ganze Abschnitte und Kapitel auf ein vernünftiges Maß zu kürzen und »verständlich« zu machen. Dieses unerträgliche Geschwafel wurde mir, als ich es »redaktionell«, als Deutschaufgabe bearbeiten mußte, vertraut, und es war schon eine seltsame Erfahrung, einen »an sich« unlesbaren Text lesbar zu machen. Unser Deutschlehrer, er hieß Karl Schmitz und war nicht von jenem »musischen« Deutschlehrertyp, der »Schwärmer« produziert, kann nicht geahnt haben, was er damals riskierte. Nicht damals gruselte mir, heute überläuft es mich kalt, wenn ich an diese riskanten Deutschstunden denke. Das hätte nicht nur schiefgehen, es hätte schauerlich enden können. Die Straßenbrutalitäten der Nazis waren augenfällig, *Mein Kampf* in seiner brutalen Verworrenheit war die Anweisung dazu, die kaum jemand las.

Mancher gebildete Deutsche, der sich bis heute die Lektüre von *Mein Kampf* versagt hat, der immer noch in jener Haltung verharrt, die da lautete: »Wenn das der Führer wüßte oder gewußt hätte...«, sollte endlich erfahren, daß der Führer es nicht nur gewußt, daß er es gewollt hat. Alles, was geschehen ist, hat er gewußt und gewollt: so nachzulesen in *Mein Kampf*. Es ist keine Prophetie, sondern ein Programm. Es ist »an sich« unlesbar und enthält doch alles.

Wer wird sich schon die Mühe machen, *Mein Kampf* zu lesen? Die Nostalgie – man kann schon sagen – marschiert, Marschtempo in Schlagern ist beliebt, besonders das »Polenmädchen«, das »allerschönste Kind, das man in Polen findt«. Was dieser, euphemistisch Polenfeldzug genannte, Krieg gegen Polen für die Polen bedeutet hat und bedeuten sollte, für die polnischen Liberalen, für polnische Priester wie für polnische Sozialisten, das ist alles in *Mein Kampf* zu finden. Dieser Mensch, der Hitler hieß, *Mein Kampf* geschrieben hat, eine schauerliche Rassentheorie zusammengelesen hat, so wenig nordisch aussah, daß es eigentlich hätte auffallen müssen (aber was fiel den Deutschen schon auf!), hat alles gewollt, was unter seiner Verantwortung geschah, und das allerschönste Kind, das man in Polen findt, ist wahrscheinlich in Auschwitz oder Treblinka ermordet oder bei Straßenkämpfen in Warschau erschossen worden. Man redet sich gern drauf hinaus, Hitler habe ja seine Kriege gegen den Bolschewismus geführt. Waren Frankreich, England, Norwegen, Dänemark, Holland, Italien, Jugoslawien bolschewistisch? Und wo gab es den hartnäckigsten Widerstand gegen Hitler? Ausgerechnet in zwei Ländern, deren Bevölkerung man annähernd als »nordisch«

bezeichnen kann: Holland und Norwegen.
1976 (3/304ff)

»Eigentum verpflichtet«

Grundbesitz, Hausbesitz – das haben die Deutschen gelernt – sind die einzig stabilen Faktoren
geblieben, und eine Währung, eine Mark, die
jezt schon achtundzwanzig Jahre alt geworden
ist (nachdem innerhalb von 25 Jahren zwei
Marken dahingestorben waren), ist ebenfalls
zum stabilen Faktor geworden, und wer an einem dieser Faktoren, und sei es nur scheinbar,
rüttelt, hat wenig Chancen auf Wählerstimmen. Es gehört zu den erfolgreichen Absurditäten reaktionärer Propaganda, daß sie immer
wieder die Angst schüren können bei denen, die
sehr wenig von dieser Erde besitzen (etwa auch
bei den Kleinbauern in Portugal), um den Besitz derer zu schützen, die sehr viel von dieser
Erde besitzen. Ein großer Teil des Grundbesitzes ist immer noch in den Händen des deutschen Adels, der in den meisten Fällen – absur-
derweise – immer noch die Interessen der deutschen Bauern vertritt. Da wird das »Bauern-
sterben« beklagt (obwohl es ein intereuropäi-
sches Phänomen ist), aber mir ist nicht bekannt

geworden (bisher nicht), ob irgendein Groß-
grundbesitzer den Besitz eines sterbenden
Kleinbauern arrondiert habe, um ihm das
Überleben zu ermöglichen (durch ein *Geschenk*). Wenn man im Adelsalphabet nur bis G
zählt, nur die Namen Arco, Arenberg, Aretin,
Baden (Markgraf von), Bayern (Herzöge von
und in), Bentheim, Bismarck, Castell, Faber-
Castell, Finck, Fürstenberg, Fugger, Gutten-
berg aufzählt, und addierte deren Anteil an
deutschem Boden, so käme man wahrscheinlich auf das Territorium eines mittelgroßen
Bundeslandes, und das Alphabet geht ja bis Z –
also noch dreieinhalbmal so weit. Nach zwei
totalen Inflationen, die zwei total verlorenen
Kriegen folgten, nach *keiner* Revolution – und
rechnet man das Potential der Großindustrie
und deren vielfältige Verflechtung mit dem
Adel hinzu, und bedenkt man außerdem, daß
dieser Grundbesitz seit Jahrhunderten seine Be-
sitzer nicht gewechselt hat (wahrscheinlich gehörte er schon den gleichen Familien, lange bevor der erste Fuß eines Weißen – sieht man von
ein paar versprengten Iren oder Wikingern ab –
eines der beiden Amerika betrat) –, so muß es
auf makabre Weise komisch wirken, wenn von
der Bundesrepublik Deutschland von einem
»sozialistischen Staat« oder von der »klassenlo-

sen Gesellschaft« hier gesprochen wird. Zwei totale Inflationen haben die Arbeit ganzer Generationen von Arbeitern, kleinen und mittleren Gewerbetreibenden und Geschäftsleuten annulliert. Diese Erfahrung hat den Fleiß der Deutschen nicht entmutigt, sondern merkwürdigerweise angespornt – so ist das Wirtschaftswunder nach der Zerstörung Deutschlands und zig Millionen besitzloser Flüchtlinge zu erklären. Der Grundbesitz, der zum größeren Teil nicht erworben ist, was die Begründung: Tüchtigkeit zuließe, ist nicht nur völlig unangetastet geblieben, er hat eine Wertsteigerung erlebt, die sich in einem Land wie der Bundesrepublik einfach von selbst ergibt.

Immerhin gibt es in unserem Grundgesetz einen Artikel, der da lautet: »Eigentum verpflichtet. Sein Gebrauch soll zugleich dem Wohl der Allgemeinheit dienen.« Worte wie »Verstaatlichung«, »Vergesellschaftung«, sogar »Enteignung« bekommen angesichts dieser Besitzverhältnisse einen anderen Klang – und sind keinesfalls verfassungswidrig. Man muß auch den Radikalenerlaß, der sich hauptsächlich gegen Systemveränderer richtet, also solche jungen Leute, die von einem verfassungsmäßig verbürgten Recht Gebrauch machen, im Zusammenhang mit diesen Besitzverhältnissen sehen. Man mag über die Brutalität moderner Landnahmen streiten, ob es nun die Konquistadoren, Kolonisatoren waren oder die nordamerikanischen Siedler, der größere Teil des Grundbesitzes in der *Bundesrepublik* ist weder erworben noch erkämpft. Er ist seit Jahrhunderten unangetastet und selbstverständlich, und diese unglaubliche Selbstverständlichkeit wird von den Untertanen wortlos hingenommen. Er wird nicht nur nicht angezweifelt, er dient zusätzlich noch als Angstvehikel, um diejenigen in Schrecken zu versetzen, die vielleicht 300 qm besitzen, auf denen sie sich ein Häuschen und eine Garage gebaut haben. Es ist ein großer, ein entscheidender Fehler aller Sozialisten und auch der Sozialdemokraten (auch in anderen Ländern), daß sie das magische Wort »Enteignung« (das lt. Grundgesetz der Bundesrepublik legal ist) nie quantitativ definiert haben, und so kommt es zu geradezu unnatürlichen Emotionskoalitionen, zwischen denen, die sich da bis zum Herzinfarkt (und manchmal über ihn hinaus) auf ihren 300, 400 Quadratmetern ihr Häuschen gebaut haben, und denen, die seit Luthers Zeiten halbe und ganze Provinzen besitzen. Dieser uralte Grundbesitz ist stabiler, massiver, er ist lautlos, fast unsichtbar – und politisch mindestens so einflußreich wie die

Großindustrie, die ja immerhin Risiken unterliegt; sie muß ja immerhin entwickeln, investieren, riskieren, während der Landbesitz »in sich ruht«, und diese unheimliche Ruhe ist ein politischer Faktor in der Bundesrepublik, von dem man zu wenig weiß.

Und es gibt da nicht nur die alte »Nobility«, nicht nur alte und neu-alte Großindustrie, es gibt da noch die fast ganz und gar neuen Herzöge. Könige, Kardinäle und Königsmacher, deren Herrschaft über ihre Provinz in den meisten Fällen auf einem Stück Papier, der modernen Art des Lehens, einer Zeitungslizenz von einer der Besatzungsmächte beruht: die Zeitungs-, Illustrierten-, Magazin- und Zeitschriften-Könige, dieser neue Adel, der natürlich »seine Schwierigkeiten« hat, diese »Konzentrierten und Konzentrierer« – was werden sie tun? Hoffen wir, daß sie gut gelaunt, daß sie gnädig sind. Ihre Leser, Zuhörer, Zuschauer, diese 62 Millionen Deutschen, sind brave Leute, kein Grund, Angst vor ihnen zu haben, wenn man ihnen nicht allzuviel Angst macht.

1976 (3/355ff)

Einmischung erwünscht

Schon nicht mehr nur monatlich, immer mehr wöchentlich gehen Amnesty International, dem Internationalen PEN, der Vereinigung Writers and Scholars Informationen über verhaftete, zensurierte, angeklagte Schriftsteller und Intellektuelle zu, von denen jede einzelne Information einen Protest notwendig machen würde.

Es fragt sich nur, ob diese Appelle und Resolutionen, die für Freiheiten plädieren, die als die konventionellen gelten und verfassungsmäßig in den meisten Ländern garantiert sind – ob diese Appelle und Resolutionen in ihrer Einsamkeit noch sinnvoll sind, wenn die Politiker diesen drei Organisationen und den zahlreichen anderen Gruppen und Kreisen, die sich mit Verfolgung und Unterdrückung auf dieser Erde beschäftigen, nicht an die Seite treten.

Immerhin repräsentieren diese Organisationen und Gruppen jene merkwürdig schwer zu definierende Instanz, die man das Gewissen zu nennen pflegt. Es besteht die Gefahr, daß dieses Gewissen zu einer abgestorbenen Blume im

Knopfloch verschiedener Ideologien wird, wenn die Politiker nicht begreifen wollen, daß nur sie es sind, die den moralischen Druck in einen politischen verwandeln können, und wenn sie nicht endlich das heuchlerische Konzept der Nichteinmischung in die inneren Angelegenheiten anderer Staaten aufgeben.   1973 (3/23)

A propos Freude

Die Bezeichnung der Freude als einer kommenden (»*Jetzt* habt ihr Trauer, aber ihr *werdet* euch freuen«), nicht gegenwärtigen und nicht für die Gegenwart zu erwartenden erscheint mir immer mehr als eine Falschmünzerei, bei der das Gold der Hoffnung im Innern der Münze durch Gips ersetzt wird; es ist eine permanente, über Jahrhunderte, Jahrtausende hinweggeschleppte Inflation, Verdünnung, Längung der Hoffnung, die aus dem Trost Vertröstung macht. Vertröstung, ausgesprochen – was die Sache besonders peinlich macht – von denen, die auf dieser Erde durchaus ihren Trost und ihre Freuden schon erlangt hatten. Das »Ihr *werdet* euch freuen« wurde in die Zukunft oder in ein ewiges Leben verlagert, und doch hätte man daran denken oder drauf kommen können, daß auch jeder Tag seine Zukunft hat, sogar jede Stunde. Wenn man in den ersten christlichen Jahrzehnten und Jahrhunderten die leibliche Wiederkunft Christi als kurz bevorstehend erwartet hat, hätte doch die Verkörperung, Vergegenwärtigung des Menschgewordenen im Abendmahl (einer gemeinsamen Mahlzeit, die man im Laufe der Jahrhunderte zu einer abstrakten Abfütterung deformiert hat), die *gegenwärtige* Freude nicht ausschließen müssen. Der tödliche Ernst, die Freudlosigkeit dieser rituellen Mahlzeit hat ja bis in die fürchterliche Stummheit und den Todernst bürgerlicher Mahlzeiten hineingewirkt, deren Komposition fast ausschließlich auf den Geschmack des Herrn, des Hausherrn, abgestimmt war. Man erinnere sich der magenkranken, neurotischen Kinder, die alles essen und alles aufessen *mußten*, auch wenn es ihnen beim allerbesten Willen nicht *schmeckte*. Essen war eine Pflicht, keine Freude – die Folge davon: Übelkeit bis zum Erbrechen. Da wäre zu fragen: Wem hat die Hostie je geschmeckt? Dieser Reduzierung eines potentiell fröhlichen Familienessens auf eine Pflicht entsprach eine andere: die Reduzierung des Geschlechtlichen auf eine Pflicht; es wurde für die Frauen eine Pflichtübung fürchterlicher Art, zu einem bloß erduldeten »Akt«, bei dem Freude zu empfinden als geradezu schamlos galt, fast als »hurenhaft«, unlogischerweise, denn die meisten Dirnen müssen sich diese Freude versagen. Diese schreckliche Deformation des Geschlechtlichen zur »ehelichen Pflicht« beruht wohl auf dem Mißverständnis, das Geschlechtliche diene lediglich der Fortpflanzung, und wiederum unlogischerweise, wo doch biologisch unmißverständlich feststeht, daß Fortpflanzung ohne geschlechtliche Erregung und Befriedigung des Mannes gar nicht möglich ist. Über dem »Inhalt« des Geschlechtlichen – Fortpflanzung mit den zwar notwendigen, aber doch peinlich übergangenen Details, vergaß man seine Form, und es müßte nicht erst jetzt, müßte immer schon nachdenklich gestimmt haben, daß die Gesellschaft so seltsam benannter Personen und Institutionen wie »Freudenmädchen« und »Freudenhäuser« bedurfte, bei und in denen eben nur geschlechtliche Form und keine Inhalte getauscht wurden. Es ist genug darüber gesagt, viel ge- und beklagt worden, und doch scheint immer noch über der Freude des Geschlechtlichen wie ein Bann heuchlerische Verkennung zu liegen. Daß es – unabhängig vom Inhalt, der ja – wie bei der Kunst – immer geschenkt ist – als Spiel Freude, als Form Spiel und Freude zugleich sein kann, wird geleugnet. Inzwischen ist dieses Thema wohl so kirchenintern, daß es kaum noch jemand interessiert, und doch muß ich in einer Diskussion über Freude dazu etwas sagen. Das »Jetzt habt ihr Trauer, aber ihr werdet euch freuen« muß auch auf die Geschlechtlichkeit *beider* Geschlechter bezogen werden. Das Beispiel des Kindes, das sich nach einer diktierten, stumm eingenommenen Pflichtmahlzeit, die ihm nicht *geschmeckt* hat, erbricht, läßt sich beliebig variieren: warum denn sehen manche der »sexuellen Befreier« und »Befreiten« so »ausgekotzt« aus?

Es bedarf keiner großen psychologischen oder psychiatrischen Erfahrung, es bedarf nur eines Ansatzes von Phantasie, um zu ahnen, für wie viele Menschen die Freudlosigkeit ihrer Geschlechtlichkeit zur Krankheit gereicht hat – und wieviel durch die Freude daran geheilt worden sind, so wie gewiß viele Menschen an der Freudlosigkeit ihrer Mahlzeiten erkranken oder durch ein fröhliches Essen geheilt werden. »Jetzt habt ihr Trauer, aber ihr werdet euch freuen.« An einem Mann, an einer Frau, an eurem Mann, an eurer Frau und *mit* ihm oder ihr. Die Herstellung des Materials Freude ist nicht gesetzlich zu regeln, weder durch weltliche noch durch kirchliche Gesetze.   1974 (3/127ff)

Geld

Poeten der Börse

Mir wird immer bange, wenn die Fachleute, Bankiers, Wirtschafts- und Finanzminister, Volkswirte, Sachverständige, von Geld als von einer rationalen Materie sprechen; wenn sie alles so genau berechnen, planen, wissen und sagen: Wir werden das schon *machen*. Nähme man die Macher beim Wort, so müßte sich herausstellen, daß sie die wahren Poeten sind; das griechische Wort poiein, von dem die Poeten abstammen, bedeutet ja auch *machen*. Da sitzen also die wahren Poeten in den Bankzentralen, an den Börsen, in den Ministerien. Welch eine Überraschung: Wir werden von Poeten regiert! Und wenn diese Poeten da »am Geld 'rummachen« – mal gibt's viel, mal wenig, mal mehr oder weniger –, dann hoffe ich, daß sie – wahre und reine Poeten, die sie sind – so viel Angst dabei haben wie ich habe, wenn ich bedenke, daß ich innerhalb von dreizehn Jahren bei gleichbleibender Währung für eine Zigarette zwischen 1 Pfennig (für eine geschmuggelte, holländische *Aktive* im Jahr 1932) und 120 Mark (für eine *Gedrehte* in einem amerikanischen Gefangenenlager 1945) bezahlt habe. Wenn ich den (erheblichen!) Unterschied zwischen einer gedrehten und einer aktiven Zigarette nicht berücksichtige, so komme ich auf eine »Preissteigerung« von 1199900 Prozent innerhalb von dreizehn Jahren für ein und denselben Artikel bei gleichbleibender Währung. Das nenn' ich mir Preisgefälle! Ich weiß sehr wohl: Das ist ein extremes Beispiel, aber es ist eins, und es ist – wie nennt man das doch? – ach ja, realistisch; es ist nicht gemacht, nicht erfunden, es ist reine Poesie, und außerdem – ach ja – *erlebte* Währungsgeschichte, *erlebte* Marktwirtschaft.

Was wäre, wenn die tabak- und kaffeeproduzierenden Länder auf ähnliche Ideen kämen wie die ölproduzierenden? Wenn diese Länder sich nicht nur ihrer Macht über die Nerven der Menschheit bewußt würden, sie auch anwenden könnten? Wenn Beamte, Arbeiter, Angestellte (und natürlich auch Schriftsteller) auf ihren Kaffee und ihre Zigaretten verzichten müßten? Wie sähe es dann mit unserer Produktion aus? Was weiß ich, was morgen auf welchem Markt wieviel kosten wird; wer sagt mir, was eine Ware wirklich wert ist, wer den Preis für was bestimmt? Wer setzt die *Spannen* fest?

Man stelle sich das einmal konkret vor, wie so ein Zehnmarkschein, so ein nüchtern bedrucktes Stück Papier, zu einem Zwanzigmarkschein heranwächst, wie er dann zum Fünfzig-, der letztere zum Hundertmarkschein heranwächst – und welche Prozesse, nicht nur Arbeitsprozesse, welche internationalen und nationalen Manipulationen, legale, illegale, diesen Scheinen zu diesem *Wachstum* verhelfen, dann komme mir noch einer und sage mir, das sei (oder wäre – mögen Mammon und seine Satelliten bestimmen, welcher Ausdruck hier angebracht ist) ein rationaler Vorgang: Ich werde ihn zum Hofpoeten ernennen, zum Hofpoeten seiner Majestät des Geldes. Ihre Majestät wird sehr erheitert sein, sie wußte noch gar nicht, daß sie poetische Qualitäten hat, sie denkt doch immer nur daran, sich selber *einzumachen*, und da sie von sich selbst natürlich immer genug hat (im doppelten Sinn: Denn manchmal kotzt sie sich selber an, wenn sie feststellt, daß sie nun wirklich und wahrhaftig nicht *alles* mit und für sich selber kaufen kann, und da käme dann so etwas wie die Bitterkeit unserer grausamen Majestät zutage) – da sie also von sich selbst immer genug hat, kommt sie nie auf die Idee, daß das »Eingemachte« ja dazu da ist, in Notzeiten verzehrt zu werden, und da sie ja nur für sich

51

selber immer nur sich selber kaufen kann, hat unsere Majestät keinen Sinn für die Poesie des »Eingemachten«. 1976 (3/342ff)

Die Mechanismen des Marktes

Wo kämen wir hin, wenn wir uns auf jenen Mechanismus verlassen wollten, den »Funktionieren des Marktes« zu nennen man übereingekommen ist? Der Markt funktioniert nicht einmal da, wo er überschaubar und berechenbar sein könnte: als Arbeitsmarkt oder Markt für Brotgetreide. Arbeitsmarkt? Die kühne und für das Oberhaupt der katholischen Kirche wahrhaft revolutionäre Feststellung, daß Kapital durch Arbeit entstehe, legt den Gedanken nahe, daß die wahren Arbeitsmärkte die Börsen sind. 1981 (4/9)

Ideologie des Profits
um jeden Preis

Es ist bestenfalls naiv, schlimmstenfalls zynisch, wenn konservative Zeitgenossen sich darüber beklagen, daß Kinder, auch ihre eigenen natürlich, in der Schule ideologisiert und –

das ist die naivere Version – politisiert würden. Das Grundgesetz für die Bundesrepublik Deutschland ist eine einzige Aufforderung zur Politisierung, es erfordert den aufmerksamen, wachsamen Staatsbürger, der ja mindestens oder spätestens bei Wahlen eine politische Entscheidung zu fällen hat. Und verbirgt sich etwa hinter der These von der freien oder sozialen Marktwirtschaft keine Ideologie? Gibt es nicht die Ideologie des Profits um jeden Preis, innerhalb derer annonciert werden kann: Gold ist Liebe, ohne daß Kirchen oder säkulare Sittenwächter hier öffentlich Unzucht und Verführung Minderjähriger am Werk sehen? Da den Kindern in der Schule wohl gleichzeitig beigebracht wird, daß Gott die Liebe sei, werden sie den einzig möglichen Schluß ziehen, daß Gold Gott sei, und da dieser Gott in den meisten Fällen von Banken verwaltet und gehandelt wird, wird man wohl bald wissen, wo die Gotteshäuser stehen. Wenn man dann gleichzeitig politische Motive von Kriminalität leugnet und politische Häftlinge über das gesetzlich zugelassene Maß hinaus, durch Isolation etwa, bestraft, Gesetzesbrecher also mit gebrochenem Gesetz behandelt, so weiß ja dann die Jugend, ob radikal oder nicht, wohin Radikalität führt. Und wenn bei jedem großzügig-humanen Projekt, selbst wenn alle psychologischen, soziologischen, religiösen und ästhetischen Erkenntnisse dafür sprechen, letzten Endes Profitinteressen dagegen entscheiden, dann ist wieder jener Zustand der Resignation erreicht, den alle beklagt haben, bevor die Studentenbewegung begann.

In einer Gesellschaft, die Radikalität und Extremismus pauschal denunziert, ohne sich auf eine Skala von Differenzierungen einzulassen, muß natürlich ein Wort aufkommen, das, auf Funk- und Fernsehsendungen, Zeitungen und Zeitschriften angewendet, immer mehr zur Mode wird: ausgewogen. Wird da die Waage der blinden Justitia zum Symbol einer blinden Öffentlichkeitsarbeit? Ausgewogenheit in einer Gesellschaft, die sich ausdrücklich als eine Gesellschaft von Interessenvertretern definiert? Das kann nur bedeuten: nichtssagend, tot, leer, langweilig. Es bedeutet das Ende der Kritik. Man stelle sich das einmal vor: eine ausgewogene Literatur, eine ausgewogene Schule, eine ausgewogene Malerei und eine ausgewogene Lohnpolitik, ausgewogene Ehe und dann ausgewogene Programme in allen Funk- und Fernsehanstalten. Dann sollte man doch besser gleich ein Gesetz vorbereiten, das allen Staatsbürgern ein Recht auf das tägliche Schlafmittel sichert. Man sollte endlich Automaten erfinden, die entweder das eine oder das andere je nach Wunsch auswerfen: Gold oder Liebe oder beides. Eine ausgewogene Gesellschaft wäre eine problemlose Gesellschaft, in der es keine Konflikte mehr gibt, in der jeder recht hat und logischerweise jeder unrecht. Eine Gesellschaft ohne Konflikte, ohne Schuld, ohne Polemik – man kann wählen, ob man das als Himmel oder Hölle empfinden würde.   1973 (3/76f)

Runde Zahlen

Wenn man für unser Jahrhundert einmal einen Namen suchen wird, wird man es wahrscheinlich das Jahrhundert der Vertriebenen und der Gefangenen nennen, und wenn man dann anfangen wird, die Vertriebenen und Gefangenen – weltweit versteht sich – in ihrer Zahl zu erfassen, wird man auf eine Anzahl von Menschen kommen, mit denen man ganze Kontinente hätte bevölkern können. Wahrlich ein Jahrhundert der Rekorde. In vergangenen Jahrhunderten kam man, wenn man versuchte, die Menschen in ihrer Anzahl zu erfassen, die durch Schlachten, Eroberungen und auch Vertreibungen betroffen waren, auf Ziffern, die der Größe einer Stadt oder einer Region mittleren

Umfangs entsprachen: ein vernichtetes Dorf, eine zerstörte Stadt ging schon in die Mythen ein und wanderte durch die Märchen. In unserem gesegneten Jahrhundert sind es immer gleich Millionen: sechzig Millionen Opfer des Zweiten Weltkriegs allein in Europa, sechs Millionen europäische Juden ermordet, auf vierzig Millionen Tote schätzt man die Opfer Stalins allein in der Sowjetunion, und wenn ich solche Zahlen ausspreche, muß ich schon zittern vor dem, der es besser weiß oder zu wissen glaubt und mir widerspricht, indem er feststellt: Nein, es waren *nur* vier, *nur* fünfzig, *nur* fünfunddreißig Millionen – oder es kommt ein anderer, der mir vorrechnet, daß es *mehr* waren: siebzig, sieben, fünfundvierzig Millionen. So drückt sich der Geist unseres Jahrhunderts in fürchterlichen Auseinandersetzungen um *runde* Zahlen aus; hinter all diesen abgerundeten Zahlen verschwindet der einzelne immer mehr, bis er unsichtbar wird im Dickicht rivalisierender Statistiken. Wenn ich lese, daß zum Schutz des amerikanischen Präsidenten in Tokio 160 000 Polizeibeamte aufgeboten waren – und das anläßlich eines Besuches, dem man *fast* nur symbolische Bedeutung zusprach – und daß mehr als eine Million Menschen beim gleichen Anlaß demonstrierten und drei Millionen streikten;

daß also anläßlich dieses symbolischen Besuchs mehr Menschen mobilisiert waren, als Israel Einwohner hat: wird da nicht jegliche Form der Fiktion, und sei es im aufwendigsten Gruselfilm, zur lächerlichen Farce angesichts der Wirklichkeit?

Können wir große Zahlen, mit denen Menschen erfaßt werden, noch begreifen? Und gibt es da nicht noch etwas fürchterlich Neues: eine internationale Rivalität, die sich ausdrückt in einer wahnsinnigen Konkurrenz, die da sagt: Nein, nein, wir haben die meisten Toten gehabt, mehr als ihr, wir haben mehr Vertriebene, mehr Gefangene als ihr. Wie werden wir mit dieser fürchterlichen Art moderner Opfer-Buchführung fertig, in der Tote zu Kapital werden? Und wenn dann noch ideologische oder weltanschauliche Interpretation hinzukommt, die sich anmaßt, die Toten, die Vertriebenen, die Gefangenen in gerechterweise und ungerechterweise Betroffene zu unterteilen, indem man von »notwendigen Maßnahmen«, »unvermeidlichen Korrekturen und Opfern« spricht, dann werden die Friedhöfe, sichtbare und unsichtbare, fast zu Börsen, an denen Tod und Vertreibung gehandelt werden.

Befreie ich die Vertriebenen und Gefangenen von der ideologischen Verkleidung, in der sie zum Spekulationsobjekt, zur demagogischen Reserve in Lagern werden, und suche ein Wort für die internationale Gleichheit ihres Zustandes, so fällt mir kein besseres Wort ein als das deutsche Wort Elend, eine Urahne des Wortes Ausland, aber nicht im touristischen Sinne zu verstehen, nicht im Sinn von im Ausland leben, ins Ausland fahren, sondern im Sinne von in der Fremde, fremd, ein Fremder sein, dessen Elend noch an irgendeiner Börse für internationaleInteressengehandeltwird.   1974(3/175f)

Das große Menschen-Fressen

Es wird so leicht dahin gesagt, Zahlen sprächen für sich; ich zweifle an dieser Feststellung. Große Zahlen verdecken eher, als daß sie offenbaren. Wenn es um Menschenleben geht, ist es immer noch die Ziffer und die Zahl eins, die uns nahegeht. Vor einiger Zeit – ungefähr um die Zeit, als der Film *Das große Fressen* lief – fand in der Bundesrepublik Deutschland eine Gerichtsverhandlung um ein verhungertes Kind statt. Der Gegenstand des Prozesses galt als im einzig wahren Sinn sensationell, und es war dann auch, wie es der absurden Logik unseres Publikationswesens entspricht, *nicht* die Sensationspresse, die über den Fall ausführlich, mit genauen Analysen und Milieubeschreibungen berichtete.

Dieser Prozeß um *ein* verhungertes Kind schreckte auf. In unserem Land war ein Kind verhungert!

Nach den Unterlagen der UNICEF verhungern jährlich zehn bis fünfzehn Millionen Kinder auf dieser Erde – ich muß feststellen, daß in dem Wörtchen »bis« die ganze Schnödigkeit und Grausamkeit enthalten ist, die man ziffernmäßig erfaßten Toten angedeihen läßt. Und es muß die Frage folgen: wer *führt* die zehn oder fünfzehn Millionen Prozesse, die da fällig waren? Wer klagt an, wer verteidigt, wer richtet? Angesichts dieser notwendigen Frage und ausgeliefert der Phantasie, die notwendig (und das einzig brauchbare Mittel) ist, sich fünfzehn Millionen Gerichtsverfahren vorzustellen, muß wohl festgestellt werden, daß diese Ziffer – bedenkt man, wieviel planerische Intelligenz wir entwickeln und angewendet haben – die Bilanz eines totalen Bankrottes ist. Und diese Feststellung trifft nicht nur die praktische und theoretische Politik, sie betrifft uns alle, die wir am »großen Fressen« beteiligt sind. Denn wir leben ja nicht nur *in*, sondern *von* unseren Wirtschaftsstrukturen. Wenn wir von Strukturhilfe sprechen, denken wir doch insgeheim, daß unsere Strukturen auch für andere die einzig wahren, die einzig richtigen sind. Auch an der Richtigkeit dieser Annahme wage ich zu zweifeln.

Vor einhundertundfünfunddreißig Jahren gab es in Irland eine Hungersnot mit verheerenden Wirkungen und Auswirkungen. Man hat errechnet, daß von einer Bevölkerung von sechs Millionen Einwohnern eineinhalb Millionen verhungerten. Ebenso viele wanderten aus, und wenn man sich vorstellt, daß Irland damals so viele Einwohner hatte wie Polen, und feststellt, daß Polen heute fast dreißig Millionen Einwohner hat und Irland deren drei, so sind die Auswirkungen dieser Hungersnot sichtbar gemacht.

Der Konflikt, über den wir fast täglich – jetzt schon nicht mehr, denn der »blutigere« Konflikt im Libanon hat jetzt Vorrang – gehört und gesehen haben, hat sehr sehr viele, uralte Wurzeln, die Hungersnot und ihre Folgen, vor allem die Art, mit der man damals mit ihr »fertig zu werden« versuchte, ist nur eine der vielen Ursachen des Konflikts. Es gab damals endlose Debatten im britischen Parlament, auch in der britischen Öffentlichkeit, ob man angesichts der katastrophalen Lage in Irland Theorie und Ideologie des Free Trade, und die Besitz- und

Pachtverhältnisse, die *eine* Ursache der Katastrophe waren, aufrechterhalten könne. Free Trade, Besitz- und Pachtverhältnisse wurden aufrechterhalten, und so geschah es, daß, während auf den Straßen Irlands Menschen vor Hunger starben, gleichzeitig hochwertige Lebensmittel exportiert wurden.

Und noch etwas: Es wurden zahlreiche Suppenküchen eröffnet, und da gab es welche, die nicht nur die Schöpfkelle, auch den Zeigefinger schwenkten, weil sie dachten: jetzt ist der Augenblick gekommen, wo wir diesen verfluchten Iren ihren abscheulichen Aberglauben, diesen Katholizismus, austreiben können, aber genau das, was die anderen Aberglauben nannten, war der Verhungernden letzter und einziger Besitz, und als man ihnen auch den noch nehmen wollte, wurden sie rebellisch und kippten den Missionaren die Suppe vor die Füße.

1976 (3/384f)

Geschichtsunterricht

Reinheit des Glaubens

Natürlich habe auch ich Geschichtsunterricht
gehabt, und keinen schlechten, und doch habe
ich bis vor wenigen Jahren (als ich Miss Wedge-
woods Buch über den Dreißigjährigen Krieg
las) immer noch geglaubt, es wäre um den
Glauben, um ihn allein gegangen. Wem denn
ging es um den Glauben? Den meisten Söldnern
wohl kaum, wenn sie auch auf Fahnen und in
Liedern einen demonstrierten, besangen, ver-
teidigten; den Potentaten und Heerführern mit
ihren gemischten Motiven im entscheidenden
Augenblick nie. Den Gläubigen also, deren es ja
wohl in allen konfessionellen Variationen
einige gab; diesen – ich muß es so ausdrücken –
Armen, die da, zerrissen zwischen Heeren und
Interessen, durch Koalitionswechsel und Kon-
versionen ihrer Herrscher immer wieder ver-
wirrt, für etwas wie die Reinheit ihres Glaubens
kämpften?

Wenn ich lese, daß dem Kaiser (natürlich) an
der Einheit des Reiches und der Kirche lag – ob

am einen um des anderen, oder am anderen um des einen willen, mag gewechselt haben –, dann denke ich an den heutigen Traum von der Wiedervereinigung, der ja wohl noch an irgendwelchen Reichsvorstellungen orientiert ist, keinen konfessionellen Beiklang mehr hat; an dessen Verwirklichung aber außerhalb Deutschlands wohl keiner Interesse hat (es sei denn, er könnte das vereinigte Deutschland dem einen oder anderen Glauben ganz dienstbar machen).

Nun, an dieser Einheit war auch damals außer dem Kaiser keine Macht interessiert, später, als er die Einheit im Glauben für immer aufgeben mußte, wahrscheinlich nicht einmal mehr der Papst. Und ich denke an Napoleon, der das Reich endgültig zerschlug, an Bismarck, der es wieder geschaffen zu haben glaubte, denke an Wilhelm II., den Ersten Weltkrieg, Hitler, den Zweiten Weltkrieg und seine Folgen – und ich denke mir, daß träumen natürlich erlaubt ist, Träumern und Politikern, soweit sie wirklich noch Träumer sind (das gibt's ja gelegentlich).

Frankreich unter Richelieu und Mazarin, die ja wohl so katholisch waren, wie man es bei Kardinälen als Minimum vorauszusetzen sich anmaßen darf, lag nichts an der Einheit des Reiches (der Begriff Deutschland ist jüngeren Datums), auch Gustav Adolf nicht, und es lag wohl auch de Gaulle wenig daran – und Adenauer wußte, was seine Nachfolger (in seiner Partei) nicht so gern wahrhaben.

Noch ganz in konfessionalistisch geprägter Umgebung aufgewachsen (eine Mischehe galt als Katastrophe, wurde dann auch manchmal eine, wobei nie herauskam, ob die Ehe als solche oder die Mischung Ursache war), hat mich besonders die Entstehung, die Entfaltung, haben mich die wahnwitzigen Auswüchse des Konfessionalismus interessiert. Ich frage mich, ob er wirklich überwunden ist, wie allzu fortschrittsfreundliche Zeitgenossen glauben? Ob nicht die scheinbar nur politischen Ideologien Sozialismus und Kapitalismus, beide religiös beeinflußt, wenn nicht religiösen Ursprungs, längst zu Konfessionen geworden sind, mit ebenso vielen Variationen wie diese? Und ob in ihren Herrschaftsbereichen nicht das *cujus regio ejus religio* praktiziert wird?

Man neigt ja immer dazu, die Epoche, die hinter einem liegt, als die »finsterste« zu bezeichnen, hält die eigene für eine erleuchtete. Nicht einmal die Inquisition, deren Name ja harmlos klang (es bedeutet nicht mehr als Nachfrage oder Untersuchung), ist ja überwunden: Was bedeuten denn »Untersuchungs-

ausschüsse«, was bedeutet »ideologische Über-
wachung« anderes, und was geschieht mit dem
Radikalenerlaß anderes, als daß eben nachge-
fragt und untersucht wird!

Die Todesstrafe für Ketzer gibt es nicht
mehr, gewiß, aber Kräfte, die sie gern nicht nur
für Schwerverbrecher, auch für Ketzer wieder-
einführen möchten. Daß Ketzer nicht mehr
verbrannt werden, verdanken wir ja nur den
paar Ketzern, die überlebt haben. Ich lese, daß
eine Frau, die bei der Hinrichtung des Mörders
von Wilhelm von Oranien zuschaute, dabei die
Nerven verlor und zu wimmern begann, nur
mit Mühe dem Schicksal entging, von den
Umstehenden gelyncht zu werden. War sie
etwa eine »Sympathisantin«, die auch den
Mord am Mörder, die Tortur nicht ertrug? Wir
sollten uns nicht zuviel einbilden und uns einige
Jahrhunderte in die Zukunft versetzen, uns vorstellen, wie man diese Epoche, in der wir leben,
beurteilen wird.   1977 (3/469ff)

Großzügig bescheinigter Heldentod

Wir sollten die Schulkinder auf die großen
Friedhöfe führen: Gräber überzeugen auf eine
eindringliche Weise, die keinen Kommentar er-

fordert; ein Blick auf die Grabsteine: zwischen Geburtsjahr und Todesjahr die kurze Spanne Zeit errechnet, die ihnen gehörte: Leben. Die meisten starben jung; es stirbt sich nicht leicht, wenn man jung ist und weiß, daß kein Arzt, kein Medikament, nichts den Gegner aufhalten wird, der Tod heißt. Schreien nach Vater, Mutter, nach einer Frau, einem Mädchen – oder still werden auf eine Weise, die der Verachtung gleichkommt, beten oder fluchen. Die wenigsten sind plötzlich vom Leben zum Tode gekommen, auf eine Art, die man mit dem Wort »gefallen« auszudrücken versucht, eine winzige amtliche Täuschung, die man erfand, weil »gestorben« privat klingt und nicht Plötzlichkeit vortäuscht. Als ob der Tod nicht ein so privater Akt wäre wie die Geburt; als ob Zeit eine Größe wäre, an der Schmerz ablesbar würde; in einem Augenblick kann der Katalog der Schöpfung durcheilt werden, kann der unsagbare Schmerz vollzogen werden, denn es bedeutet, Abschied zu nehmen, zu wissen, daß man nichts wird mitnehmen können in die Dunkelheit des Grabes: Wind und Gräser, das Haar der Geliebten, das Lächeln des Kindes, den Geruch eines Flusses, die Silhouette eines Baumes, den Klang einer Stimme. Nichts. Sterbende frösteln immer. Die Majestät, die auf sie zukommt, ist kalt.

Waren sie alle Helden, die in den Stellungen, in Lazaretten, auf Fluren, in Kellern, auf Lastwagen und Bauernkarren, in Eisenbahnwaggons schrien und beteten, fluchten oder auf eine Weise still wurden, die der Verachtung gleichkam?

Ich glaube, die meisten hätten diesen Titel, der als Ehre gedacht ist, nicht angenommen, hätten sie von den Morden gewußt, die unter dem Zeichen geschahen, unter dem sie starben. Wir können sie nur würdigen, wenn wir sie vom Fluch dieses Zeichens befreien, ihr Schweigen versöhnen mit dem Schweigen, das an den großen Mordstätten herrscht.

Der Heldentod, der ihnen so großzügig bescheinigt wird, ist politische Münze, ist als solche Falschgeld. Die Toten gehören nicht mehr den Staaten, den Parteien. Ihr Schweigen läßt sich nicht zu Parolen ausdeuten. Die fürchterliche Apparatur der Meinungsmaschinen wird auf die Feiern gerichtet: Presse, Funk, Film; Musik erklingt, die amtliche Träne, das bewegte Gesicht, die zuckende Hand, sie werden dem Zeitgenossen gezeigt, der im Klubsessel sitzt, am Bildschirm dem Trauerakt folgt; er fühlt sich zur Rührung verpflichtet und legt für einen Augenblick die Zigarre aus der Hand, nur für einen Augenblick, er, der mit größerer

Schuld beladen ist als mit politischem Irrtum: mit Gleichgültigkeit.

Die große Zahl der Opfer verdeckt den Einzelnen, ihr Name bleibt, der sich dem Haß oder der Verehrung anbietet; ein folgenreicher Irrtum war es, ihnen die Ehre seiner Hinrichtung anzutun, ihnen das Pathos einer Gerichtsverhandlung zu schenken, Fragen und Antworten, einer Kategorie entnommen, die ihrer Schuld landläufige Namen gab, ihren Gesichtern ein Album anbot. Sie haben Geschichte gemacht – so wird es heißen, und dieses Wort *Geschichte* schmeckt dem Zeitgenossen, er läßt es im Munde zergehen, sinnt ihm einen Augenblick nach, bevor er seine Zigarre wieder aufnimmt.

Trauer ist eine Größe, Schmerz hat einen Wert.

Unsere Stimme ist schwach gegen das gewaltige Dröhnen der Walzen, die Meinung herstellen, Stimmung machen, auswechselbare Parolen schaffen, die sich, wenn sie in einem Abstand von zwei Tagen einander folgen, getrost widersprechen können, ohne des Zeitgenossen Nachdenken wachzurufen. In einer solchen Welt wird Trauer ein Besitz, wird Schmerz kostbar, wird jeder zum Helden, der ihrer noch fähig ist. Die Toten, deren wir heute gedenken, sie gehören nicht den Armeen, nicht den Staaten, nicht den Parteien, diese haben nicht das Recht, um sie zu trauern, wie Väter und Mütter um ihre Söhne, Frauen um ihre Männer, Kinder um ihre Väter trauern; für Schmerzen gibt es keine staatspolitische Kategorie, für Trauer keinen Paragraphen in der Dienstordnung einer Armee, in den Statuten einer Partei. Verwechseln wir nicht das amtliche Pathos, das sich so leicht zum Kleingeld der Propaganda stanzen läßt, mit dem Schmerz der Hinterbliebenen. Sie sind die einzigen, die ein Recht hätten, heute zu sprechen, der Musik Schweigen zu gebieten.   1957 (I/219ff)

Der Mut
der freien Journalisten

Das Recht will ja wahrgenommen werden, es fällt einem nicht in den Schoß. Und das erfordert Mut. Und man muß bis an die Grenze des Mutes gehen, jenen Mut, den ich denjenigen wünsche, von denen ich erwarte, daß sie die Medien weiter frei verwalten.

Die Grenze des Mutes erkunden, immer weiter, immer weiter gehen, bis man einem auf die Finger klopft, dann an den Kragen geht und schließlich sogar – nicht mit Pistolen, sondern mit Schlagzeilen – schießt, und in den Reden bewährter politischer Stimmungskanonen die Kanonade fortgesetzt wird.

Nie vergessen: Es geht nicht um Leben und Tod, es geht um Gesetze, Vorschriften und Freiheit. Es geht darum, Raum für Freiheit und Mut freizuhalten. Der Mut der freien Journalisten und Autoren muß einen Platz haben. Es muß Raum für sie freigehalten werden. Der Mutige, der keine Gelegenheit mehr dazu bekommt, seinen Mut öffentlich zu zeigen, verkommt in Thekenweinerlichkeit und privatem Jammer. Terrain erhalten für diese Dinosaurier in unserer Gesellschaft, die man noch Freie nennen kann.

Ich weiß, das klingt fast zu gut, ein bißchen zu volltönig auch. Aber die Gefahr, daß wir einrekrutiert werden in eine Hochberichterstattungskultur, die Gefahr ist immer da. Wir sind verwöhnt, weil wir dieses rechtlich verankerte freie Mediensystem haben. Es liegt an uns, ob es bleibt, liegt auch an der Einsicht der Politiker. Vertrauen wir nicht zu sehr auf deren Gnade, sondern auf unser Recht und auf die Freiheit, die uns versprochen ist. Die Medienpolitik, der sie geopfert werden sollen, hat eine gewisse verblüffende, fast animalische Unschuld. Sie ist offen, sie zeigt die Zähne, fletscht sie gelegentlich, sagt nur: Wir haben die Macht, wir machen Gebrauch davon, seht zu, wie ihr mit uns zurechtkommt. Sie setzt das Recht ja nicht außer Kraft, sie verletzt es nur, sie schafft Strittigkeiten, so daß also ewig lange Prozesse möglich wären. Und es ist mühsam, in einem solchen Fall von seinem Recht Gebrauch zu machen. So viel Geduld, Kraft, Zeit und auch Geld steht nicht jedem zur Verfügung, und so verkommt mancher Rechtsanspruch im Gestrüpp der Resignation.   1983 (4/141f)

Gefährliche Klassiker

Goethe, Kleist, Stifter, Hebel

Ein Bildungsmißverständnis, das nicht nur uns Deutschen eigen ist, bei uns aber besonders tief verwurzelt: die interpretationsbedingte Trennung, die man mit Autoren vornimmt, die man nicht ganz lassen kann, die man auseinandernehmen, einordnen, unterteilen muß.

Ich finde eine leicht dahinfließende, fast mozarteske Kurzgeschichte – wie manche von Hemingway –, die mit dem Nihil oder dem Nada und dem Nichts spielt, es vor sich hintreibt, es hüpfen und springen läßt, mir könnte sie gefährlicher werden als manches politische Pamphlet.

Ich kann die Gefahren solcher Mißverständnisse hier nicht erschöpfend darstellen, ich kann sie nur andeuten und zu bedenken geben, als Warnung vor Irrtümern, auch bei der Lektüre von Klassikern übrigens. Diese Mißverständnisse sind uralt, sie sitzen tief, und es gibt sehr wenig Fälle, wo Menschen groß genug waren, souverän genug waren, in ihrer eigenen Ideologie und Weltanschauung energisch zu verharren und doch über die Grenze zu springen, Kunst oder Literatur anzuerkennen, die nicht in diese Ideologie passen. Mir fallen da nur drei ein, Walter Benjamin, Rosa Luxemburg und auch – Gott sei mir gnädig, wenn ich den Namen nenne – Lenin, der nach der Revolution eine Liste für russische Autoren aufstellte, deren Denkmäler nicht angetastet werden sollten, und unter diesen war auch der Reaktionär Dostojewski. Ganz abgesehen von dem berühmten Grafen Tolstoi, von dem Lenin gesagt hat, daß – bevor es ihn gab – der russische Bauer in der russischen Literatur nicht vorhanden war.

Und wenn man bedenkt, wie hierzulande mit Heinrich Heine und Ossietzky umgegangen wird, könnte man in diesem Fall vielleicht Lenin als Beispiel nehmen.

Wir wissen fast nichts, kaum etwas jedenfalls über diejenigen, die man in der Literatur die Leser nennt, wir beschränken uns darauf, was Wissenschaftler und Kritiker sich zusammenreimen.

Wenn man, wie ich es tue, an Brecht die Gedichte bevorzugt, so muß man doch wissen, daß auch sie der ganze Brecht sind. Und Goethe, dieser unumstrittene Bücherschrank-

Klassiker, ich weiß nicht, was die sich vorstellen, die ihn möglicherweise ihren Kindern als heilende Lektüre gegen die Verworfenheit der Moderne empfehlen, die *Wahlverwandtschaften, Werthers Leiden, Faust,* wer diese Empfehlung ausspricht, muß wissen, was er tut, oder er hat Goethe nicht gelesen: Chaos, Unglück, Schmerz, Angst, Ehebruch, Selbstmord verbergen sich hinter dieser Prosa, die man allzu leicht nur als wohlgefällig hinnimmt.

Und erst dieser Kleist, den man Gott sei Dank an allen Schulen liest, ein Radikaler, zeitweise sogar im öffentlichen Dienst, den *Kohlhaas,* das *Käthchen, Der zerbrochene Krug,* dieses so fruchtbar lustige Lustspiel seinen Kindern einfach zu lesen geben, da wird kein Autoritätsglaube verbreitet. Der Stifter des *Nachsommer:* Wer da in diese vollkommen gelungene, diese große Utopie Schritt für Schritt eindringt, dieses großartige Traumbuch der deutschen Literatur, diese Darstellung eines vollkommen geordneten und gebildeten Lebens, wen befällt da nicht die Angst, fast die Gewißheit, daß das nicht gutgehen konnte? Wer spürt nicht die tiefe Schwermut, welcher Stifter letztlich erlag? Gefährliche Klassiker, Erzähler weniger bedenklich als Essayisten? Ich nenne da noch einen: Johann Peter Hebel. Dieser friedliche,

74

sanfte, freundliche, liebenswürdige Autor klassischer Kalendergeschichten; wer wittert da nicht die süßen Verlockungen der Anarchie, wenn Zundelheimer und Zundelfrieder nachts auf Tour gehen oder wenn der Barbier-Lehrling den patzig protzigen Räuber, diesem Herrn der Straße, das Messer an die Kehle hält. Vorsicht bei Erzählern, auch klassischen! 1983 (4/84ff)

Balzac

Mehr Bücher als Lebensjahre, mehr Gestalten als Shakespeare und gleichsam nebenbei – unschätzbares Material für soziologische Vergleiche. Wenn ich lese, daß ein bescheidenes Frühstück von »klösterlicher Einfachheit«, das Frühstück wirklich frommer Personen in der Fastenzeit, aus folgendem bestand: »Steinbutte mit weißer Soße und Kartoffeln, Salat und vier Schüsseln mit Früchten: Pfirsichen, Weintrauben, Erdbeeren und grünen Mandeln; als Vorgericht Honig in der Wabe, Butter, Radieschen, Gurken und Sardinen« – dann frage ich mich, ob inzwischen die Fastenmoral gestiegen oder unser Küchenzettel einem Niedergang unterworfen gewesen ist. Herr und Verwaltung,

Wohnungs- und Wohltätigkeitswesen, das Leben eines kleinen, eines großen Kaufmanns, eines kleinen, eines großen Bankiers, das Leben auf dem Lande, in der Kleinstadt und natürlich: in Paris; fast unzählige soziale, oder besser gesagt: alle sozialen Bereiche; Drucker und Verleger, das Straf- und Rechtswesen, eine vollständige Soziologie der Prostitution, Journalistik und Bühne – und all das gleichsam nebenbei, denn in der Mitte stehen die Gestalten, von denen keine eine Nebengestalt ist. Für jeden geschilderten Lebenskreis der entsprechende Jargon: der Bauern und Kurtisanen, der Juristen und Journalisten, der Verbrecher und Polizisten – und – wiederum nebenbei – eine ganze Philosophie der Geheimpolizei, dargestellt durch Corentin, Papa Peyrade, Bibi-Lupin; eine Philosophie des Geldes, der Verschwendung, der Sparsamkeit und des Geizes: zwei Millionen Franken für eine einzige Liebesnacht des Barons Nucingen und Papa Grandet, der siebzehnfache, bauernschlaue Millionär, der die Verschwendung von Zucker beklagt und seine Tochter um sechstausend Franken willen (die außerdem ihr Eigentum sind) fast dahinmordet. Eine Geschichte des Schrotthandels und das Ausschlachtungsgeschäft im *Landpfarrer,* worin gleichzeitig sowohl Fortschritt wie Tradition und außerdem noch das Thema Entwicklungshilfe nicht nur abgehandelt, sondern dargestellt werden.

Unfaßbarer Reichtum, unfaßbare Leidenschaft in den großen glänzenden Augen, und die Tragödie dieser kleinen, etwas patschigen Hand, die für sich von diesem Leben, dieser Welt so wenig zu fassen und fast nichts zu halten vermochte. Selbst wenn er mit sechzehn angefangen haben sollte, kommen noch auf jedes Schreib-Jahr fast zwei Bücher, die von einer erstaunlichen Unterschiedlichkeit sind, doch keins davon langweilig. Ja, ja, er neigte zur Breite, spann seine Fabeln oft so weit, daß er selbst nicht mehr wußte, wo er hätte anknüpfen können; es gibt viel zuviel tränenselige Dirnen, reuige Diebe, viel zuviel Herzoginnen, viel schwärmerische Kolportage, aber da stehen wie Festungen: *Eugénie Grandet, Der Alchimist, Vater Goriot, Tante Lisbeth, Verlorene Illusionen* und *Glanz und Elend der Kurtisanen, Vetter Pons,* und nun möchte ich sie fast alle aufzählen, denn groß ist bei ihm auch, was teilweise mißlungen erscheinen mag. Ich brauche nur an den kleinen Lumpen Brideau aus *Junggesellenwirtschaft* zu denken, der »Napoleon bei Montereau eine Meldung überbrachte«, sein verpfuschtes Leben lang auf dieses Bramarbaseur-Geschwätz hin von seiner Familie eine moralische und finanzielle Rente bezieht, dann werden mir die Schwächen von *Beatrix* so unwichtig wie die Längen im *Landpfarrer*. 1964 (2/25f)

Dickens

Es gibt in England eine ständige Dickens-Kontroverse, von Dickens' Lebzeiten bis auf den heutigen Tag hält sie an: Dickens ist für England, was es in unserem Lande gar nicht gibt: ein permanent umstrittener Klassiker, wie Balzac auf vergleichbare Weise für die französischen Autoren. In solchen Auseinandersetzungen klärt sich einiges, werden immer wieder von neuem das Sprachgelände und das soziale Terrain überprüft; es bildet sich selbstverständliches Bewußtsein, das der jeweils zeitgenössischen Literatur – mag sie experimentell oder traditionell sein – zugute kommt; es bildet sich Grund, auf dem man stehen, sich Argumente zuwerfen, solche widerlegen kann. Wo wären in der deutschen Literatur Städte wie London oder Paris, deren Realität immer noch mit der in der erzählenden Prosa seit Generationen geschilderten zu konfrontieren wäre? 1964 (2/57f)

Jean Paul und Wilhem Busch

Da ich mich, nach langer Pause, mit Jean Paul beschäftigt habe, kommt es mir erstaunlich vor, daß ein solcher Autor nicht ein deutscher Dickens oder Thackeray hat werden können, vielleicht hängt das mit der Bildungsverletztheit der Deutschen und ihrem Nicht-wohnen-Wollen in der eigenen Welt und Umwelt zusammen – ich gebe das zu bedenken: war er den Deutschen zu deutsch? Mir scheint, es liegt eine Verfälschung darin, wenn man einen, der Humor hat, als Humoristen oder humoristisch bezeichnet. Humor haben und als Autor ihn haben ist etwas anderes als Humorist sein oder humoristisch. Es bieten sich einige Definitionen, einige Positionen: die romantische Ironie, Schlegel und Novalis – aber das nationale Unglück der Deutschen wollte es wohl, daß ihre Vorstellung von Humor von jemand bestimmt werden sollte, der verhängnisvollerweise Wort und Bild miteinander verband: von Wilhelm Busch. Ich halte das für ein Verhängnis. Zur Wahl stand Jean Paul, ein Humaner, der Humor hatte, gewählt aber wurde Busch, ein Inhumaner, der sich selbst illustrierte, es ist der Humor der Schadenfreude, des Hämischen, und ich zögere nicht, diesen Humor als antisemitisch zu bezeichen, weil er antihuman ist. Es ist die Spekulation auf das widerwärtige Lachen des Spießers, dem nichts heilig ist, nichts, und der nicht einmal intelligent genug ist, zu bemerken, daß er in seinem fürchterlichen Lachen sich selbst zu einem Nichts zerlacht. Es ist der Geist der Abfälligkeit. Humor hat man lange Zeit so verstanden: das Erhabene oder das, was sich erhaben gab oder dünkte, von seinen Stelzen zu holen. Soweit es überhaupt noch eine Rechtfertigung des Humors in der Literatur gibt, könnte seine Humanität darin bestehen, das von der Gesellschaft abfällig Behandelte in seiner Erhabenheit darzustellen. Die Differenz des deutschen Humors zum europäischen ergibt sich aus der Differenz des Don Quichote zu Wilhelm Busch: ein fürchterliches Ergebnis. Die Differenz zwischen den Möglichkeiten des deutschen Humors und seiner Popularität ergibt sich aus dem Unterschied zwischen Jean Paul und Wilhelm Busch. Jean Paul hat es so definiert: »Der Humor als das umgekehrt Erhabene vernichtet nicht das Einzelne, sondern das Endliche durch den Kontrast mit der Idee. Es gibt für ihn keine einzelne Torheit, keine Toren, sondern nur Torheit und eine tolle Welt.«

Humor – das macht ihn möglicherweise denen, die ihn nicht haben, so verdächtig – setzt einen gewissen minimalen Optimismus und gleichzeitig Trauer voraus: da das Wort *humores* Flüssigkeit, auch Säfte bedeutet und alle Körpersäfte, als Galle, Träne, Speichel, auch Urin meint, bindet es ans Stoffliche und gibt diesem gleichzeitig eine humane Qualität. Weinen und Lachen sind Merkmale des *homo sapiens*. Mir scheint, es gibt nur eine humane Möglichkeit des Humors: das von der Gesellschaft für Abfall Erklärte, für abfällig Gehaltene in seiner Erhabenheit zu bestimmen.   1964 (2/87ff)

Jean Paul, Stifter, Kafka

War Stifter nicht vor Kafka, ist vielleicht Kafka ohne Stifter nicht denkbar, wie Stifter ohne Jean Paul nicht denkbar ist? Ohne eine Wiederentdeckung dieser beiden wird es nie vertrautes Gelände geben können, werden Wohnung, Familie, alle jene von mir aufgezählten Erscheinungen des Humanen keinen Ort finden.
1964 (2/91f)

Georg Büchner

Es erscheint so leicht, sich Büchners Leben und sein Werk zu greifen. Sein Leben war so kurz, sein Werk, fragmentarisch und genial, umfaßt einen Band, der sich so glatt in die Tasche stecken läßt. Solches bietet sich zu kultischer Vereinfachung an, als idealer Vorwurf für ein Epitaph von poetischer Schmerzlichkeit. Früh vollendet; früh verstorben; Abschied; Abschluß; Ruhe. Doch Büchners Leben und Werk lassen diese Ruhe nicht zu, sie sind so friedhofsfern, machen die schöne, endgültige Plakette unmöglich. Die Unruhe, die Büchner stiftet, ist von überraschender Gegenwärtigkeit. Über fünf Geschlechter hinweg springt sie einem entgegen, einen an mit dieser wilden, von Todesahnung gezeichneten Schönheit, mit einer dunklen Glut, die es nur selten in der Geschichte unserer Literatur gegeben hat. Dieses Zupacken, die Sicherheit in der Wahl der Stoffe, dieser menschliche Materialismus in jedem Gegenstand, den er ergriff, und über allem jener Hauch von Unfertigkeit, auch von Ungeduld, der Kunst erst zu solcher macht, der aber nicht künstlich sein darf; in diesem Widerspruch liegt ihre Definition; also: keine gekünstelte Ungeduld, keine gekünstelte Unfertigkeit, sie sind einfach da, wie jene Menschen, von denen Lena in *Leonce und Lena* spricht: »Ich glaube, es gibt Menschen, die unglücklich sind, unheilbar, bloß, weil sie *sind*.« Seine Kunst lebendig zu nennen, wäre zu biologisch, würde in die Untiefen des Dilettantischen führen, und Büchner war kein Dilettant. Ich gebe ihm das Wort, da wo er in seine Vorlesung über Schädelnerven nicht als Biologe über lebendiges, als Anatom über präpariertes Material sagt: »– und so wird für die philosophische Methode (die er in Gegensatz zu teleologischen stellt) das ganze körperliche Dasein des Individuums nicht zu seiner eigenen Erhaltung aufgebracht, sondern es wird die Manifestation eines Urgesetzes, eines Gesetzes der Schönheit, das nach den einfachsten Rissen und Linien die höchsten und reinsten Formen hervorbringt. Alles, Form und Stoff, ist für sie an dies Gesetz gebunden.« In dieser Äußerung, die als Motto über Büchners Werk stehen könnte, ist er als Naturwissenschaftler und als Dichter gegenwärtig. Nehme ich eine weitere, nur mündlich überlieferte Äußerung sozialer Natur hinzu: »Es ist keine Kunst, ein ehrlicher Mann zu sein, wenn man täglich Suppe, Gemüse und Fleisch zu essen hat«, und noch eine von dieser grimmen Art des sozialen Realismus aus dem Munde

Woyzecks, des ersten und fast schon wieder letzten Arbeiters im deutschen Drama: »Ich glaube, wenn wir in den Himmel kommen, so müssen wir donnern helfen«.   1967 (2/276f)

Dostojewskij und Tolstoi

Dostojewskijs *Raskolnikow* und der *Idiot* sind fast gleichzeitig mit *Krieg und Frieden* erschienen (1866 und 1868). Da ich kaum annehmen kann, die beiden hätten einander auf den Schreibtisch geblickt – und blicken lassen! –, mag es Zufall sein, daß Raskolnikow und Fürst Myschkin (im Idioten) gewisse Ähnlichkeiten mit dem dicklichen Pierre haben. Natürlich sind weder Raskolnikow noch Myschkin auch nur annähernd dick vorstellbar, möglicherweise aber steckt in solch scheinbar nebensächlichen physiologischen Details ein Ansatz, die beiden großen Gegensätze der russischen Literatur des 19. Jahrhunderts in ihrer Verschiedenheit zu erkennen und in ihrer gegensätzlichen Methode der Verstofflichung ihrer Vorstellungen. Ich jedenfalls denke mir Raskolnikow und Myschkin extrem mager, die einzigen *jugendlichen* Helden Dostojewskijs, denen ich eine gewisse Leibesfülle zubilligen könnte, wären der unglückliche Michail Karamasow und der ungemein sympathische Rasumichin, Raskolnikows Freund; und es mag auch sein, daß Aljoscha Karamasow später ein wenig Fett ansetzen würde. Nur wenige Male auf mehr als eintausendfünfhundert Seiten gerät Pierre Besuchow in jenen Zustand, der jugendlichen Dostojewskij-Helden nicht nur vertraut, der ihnen permanent ist: außer sich. In einer Auseinandersetzung mit seiner extrem bösen Frau Helene und nach der Entführung Nataschas durch seinen Schwager Anatol. In solchem Augenblick ist er duellreif und weiß doch vorher, wie lächerlich Duelle sind. In einem weiteren Detail der Verstofflichung unterscheiden sich Dostojewskij und Tolstoi, in der Materialisation von Hurenhaftigkeit. Ich halte Sonja Marmeladova für eine der unsterblichen Frauengestalten der Weltliteratur, aber eins glaube ich bis heute nicht: daß sie eine Hure war; der Maslova in Tolstois *Auferstehung* glaube ich's. Wie sie dazu geworden ist, wäre eine weitere Frage.

Dem Leser mag dieser Aufmarsch des gesamten Personals auf den ersten einhundertfünfzig Seiten eines Romans nicht so waghalsig vorkommen wie dem lesenden Autor. Alle großen Romane Tolstois sind »gewagt«, – und gewonnen: *Krieg und Frieden, Anna Karenina* und

Auferstehung. Im ersten Teil von *Krieg und Frieden* tritt die Moskauer, die Petersburger Gesellschaft, der Land- und der Stadtadel fast in Regimentstärke an, ganze Sippen, Gute und Böse, Geschwätzigkeit, Frömmelei, Verworfenheit, Kinder, Erwachsene, Greise, französisch parlierend, verspätete Voltaires und Rousseaus; Intrigantentum, Großzügigkeit, Gemeinheit. Was soll aus ihnen allen werden, vor allem aus diesem Tölpel Besuchow, der zu allem Überfluß auch noch das Herz auf der Zunge trägt? Vierzehnhundert Seiten später ist die Beute eingebracht: Krieg, Frieden, Rußland zwischen 1805 und 1813, seine Gesellschaft, seine Angst, seine unheimliche Ruhe, seine Bauern, seine Soldaten, Kaufleute, sein listiges Zögern gegenüber Napoleon, der die Räumung Moskaus mißversteht, vor den Toren Moskaus die Honneurs der Bojaren erwartet, der recht ärgerlich ist, weil sie ihn so lange warten lassen, und dann in die schweigende, eisig schweigende Stadt, in die schon schwelende, später lichterloh brennende Falle hineintappt, er, der wahnwitzig genug war, diesem unendlichen Horizont entgegenzumarschieren. Wer dächte nicht, wenn er über das Jahr 1812 liest, an das Jahr 1941, als eine weitere und weitaus dümmere Arroganz und Verkennung des europäischen Westens gegenüber dem Osten fällig war: der Einmarsch der deutschen Armee, die zwischen Juni und November Leningrad und Stalingrad und Moskau erobert und gleichzeitig auch noch innerhalb von viereinhalb Monaten den russischen Winter, ohne halbwegs dazu ausgerüstet zu sein, »besiegt« haben wollte. 1970 (2/422ff)

Auf weitere Formeln verkürzt: Tolstoi ist der Autor des Landes und der Landwirtschaft, Dostojewskij der Autor der Großstadt. Es gibt kaum eine gelungenere Verstofflichung von Land und Landschaft, ihren Menschen, den Tieren, als die in *Krieg und Frieden* eingebaute Wolfsjagd: das ist wohl wirklich Rußland, denkt man, und es ist da das andere Rußland: Dostojewskijs Kleinbürger und Intellektuelle in den Großstädten. Die irdische Religiosität Tolstois, die metaphysische Dostojewskijs. Ich weigere mich und werde mich weiterhin weigern, zwischen den beiden zu *wählen*. Ich nehme sie zusammen und Puschkin, Gogol, Lermontov und viele andere noch dazu und habe dann, bevor wir den Riesencomputer installiert haben, etwas in der Hand, das ich für mich annähernd russisch nennen könnte.

Tolstoi und Dostojewskij haben auch eine verschiedene Bedeutung und Gegenwärtigkeit in der Sowjetunion. Puschkin, Gogol und Tolstoi sind wohl die am wenigsten ideologisch umstrittenen, und wen wird es wundern, daß Tolstoi ideologisch der beliebtere war und bleiben wird. Ein Autor, den man – könnte man das Wort noch gebrauchen – als den größten Realisten der russischen Literatur bezeichnen kann, der als junger Mensch, nachdem er Augenzeuge vom Sterben seines Bruders Nikolai gewesen war, während der Beerdigung seines Bruders auf den Gedanken kam, ein materialistisches Evangelium, das »Leben Christi als eines Materialisten« zu schreiben; ein Autor, von dem kein Geringerer als Lenin gesagt hat: »Bevor dieser Graf zu schreiben begann, gab es in der russischen Literatur keine echten Bauern.« 1970 (2/429)

O. Henry

Wenn man bedenkt, daß O. Henry zwischen 1901 und 1910 etwa 600 Kurzgeschichten geschrieben hat, also jede Woche mindestens eine, so wird man nicht nur die unvermeidlichen Qualitätsunterschiede feststellen, sondern noch mehr erstaunt darüber sein, wie viele von den Geschichten nicht nur gut, sondern nicht im geringsten verstaubt sind. Ihre Frische ist die Frische Amerikas (die natürlich auch inzwischen nicht mehr die alte ist) und auch die Frische einer unbekümmerten Professionalität, in der es Routine, Handwerk, Meisterschaft gibt und alle diese Elemente oder Möglichkeiten eines Autors in ständig wechselnder Mischung. Nun ist der Ausdruck »gute Geschichte« eben etwas anderes als eine »good story«; gute Stories sind in Amerika solche mit einer Pointe, und Zwang zur Pointe macht viele der Geschichten von O. Henry für unser Empfinden schwach. Aber Theater ist ja auch etwas anderes als Showbusiness, zu dem in Amerika auch das Theater zählt. Manche amerikanischen Dramatiker blicken inzwischen mit Sehnsucht auf die europäische Theatertradition – und manche europäischen schwärmen vom Showbusiness. Der Einfluß der amerikanischen »short story« auf die deutsche Kurzgeschichte ist unverkennbar und unbestritten, sie stieß in ihrer nüchternen und kurzatmigen Frische auf eine gewisse deutsche Begabung und Tradition der kurzen Prosa, Anekdote, Kalendergeschichte, Novelle, die bei Hebel, Kleist und Brecht, Storm und anderen ihre Dauer erwiesen hat. Die amerikanische »short story« in allen ihren bemerkenswerten Sensibilitäts-Variationen, wie sie

Hemingway, Sherwood Anderson und Faulkner entwickelt haben, ist in O. Henrys und Jack Londons Geschichten vor- und ausgebildet worden und ist, völlig von Europa emanzipiert, zu etwas sehr Amerikanischem geworden, immer noch variationsreich in ihrer unterschiedlichen Sensibilität, wenn man an Autoren wie Capote, Salinger, Vonnegut, Updike und Malamud denkt.

Mir scheint, O. Henry hat in *Bekenntnisse eines Humoristen* einen Einblick in die Gewissensqualen eines professionellen Unterhalters gegeben, der unbefangen als Dilettant anfängt, als Lokalwitzbold, der von einer humoristischen Zeitschrift »eingekauft« wird, dann feststellt, daß er, der so viel Humor produziert, seinen eigenen immer mehr verliert; daß er in fast schon bösartiger Kommerzialität seine Kinder, seine Frau, seine Freunde belauscht, um Pointen zu ergattern, und daß nicht nur seine Moral, auch seine Routine, sein Handwerk und seine Meisterschaft, schließlich sein Familienleben zerstört wird. Dieser muntere junge Witzbold, der als Angestellter in einer Eisenwarenhandlung ein beliebter Festredner war, ist der Professionalisierung seines Witzes und seines Charmes nicht gewachsen, und als er schließlich am Ende ist und sein Vertrag mit der humoristischen

Zeitschrift gekündigt wird, da läßt ihn O. Henry in seinem unverwüstlichen Optimismus keineswegs verzweifeln oder als gescheiterte Existenz dahinvegetieren, sondern hat den Absprung schon vorbereitet: Der Humorist wird Teilhaber in einem Beerdigungsinstitut. Natürlich ist diese Pointe – literarisch gesehen – schwach; ausgerechnet ein humoristischer Schriftsteller endet in einem Beerdigungsinstitut und empfindet das auch noch als fröhlichen Ausgang, aber gerade das *ist* nicht mehr, sondern *war* zu O. Henrys Zeit »amerikanisch«.

Inzwischen hat Amerika diesen Optimismus verloren. 1974 (3/79ff)

Sean O'Casey

Das Gerücht, irisch und katholisch wären kongruente Begriffe, hält sich hartnäckig, wenn es auch durch Yeats, Shaw, Beckett und Synge schon hinlänglich und weltöffentlich widerlegt ist.

Ein wenig von der vielstöckigen Kompliziertheit englisch-irischer und protestantisch-katholischer Beziehungen muß ich hier andeuten, um halbwegs der Autobiographie eines weiteren Iren protestantischer Herkunft gerecht zu werden: Sean O'Casey.

Das sechsbändige Werk hat biblische Ausmaße und biblische Größe. Diese wilde Flut von Seligpreisungen und Flüchen ist das protestantische Gegenstück zu Joyces *Ulysses,* noch nicht so recht als solches erkannt und doch die notwendige Ergänzung, kein Jota weniger irisch, kein Jota weniger »blasphemisch«. Die aufgeklärte Intelligenz hat den Propheten Joyce schon früh erkannt, die neue Linke hat ihren Propheten O'Casey offenbar noch nicht entdeckt. Seine Autobiographie enthält hinreichend Theorie und praktische Beispiele zum Thema Repression in Schule, Kirche, Ehe, Kulturleben. Mir scheint, die neue Linke hat bisher zuviel »Theologie« gelesen und zuwenig Bibel. Hier wird Bibel vorgelegt.

Ausführlich und handgreiflich ist mit diesen sechs Bänden die Biographie eines Dichters gegeben, der wie kein zweiter Anspruch auf einen Titel hätte, den die gebildete Gesellschaft bisher nur als herablassendes Klischee sich hin und wieder entrungen hat: Arbeiterdichter. Ob je einer auf die Idee kommen würde, bei Kafka von Angestellten- und bei Goethe von Beamtendichtung zu sprechen?   1969 (2/394f)

Joseph Roth

Alle Weisheit des Judentums war in ihm, dessen Humor, dessen bitterer Realismus; alle Trauer Galiziens, alle Grazie und Melancholie Austrias, und Roth war ein Bohemien und ein Kavalier. Die Anfänge seiner Romane sind wie präzise komponierte Eröffnungstänze, die den Lesenden in den Großen Raum führen, wo der Ball stattfindet: ein Ball mit zahlreichem Publikum, mit Kaisern und Obdachlosen, von Schwermut trunkenen k. und k. Offizieren, Korallenhändlern, Schmugglern, Wirten und Kaufleuten; sie führen in Welten, die es nicht mehr gibt: die Welt des Ostjudentums, so wie Roth sie im *Hiob* (1930) beschrieb, existierte noch bis 1940: in diesem Jahr drangen die Mörder ein, und der Korallenhändler Piczenik, Mendel Singer, seine Frau Deborah – alle die zahllosen jüdischen Kinder, Männer und Frauen, sie sind in Auschwitz und Maidanek ermordet worden.

So ist Roths Werk nicht nur Dichtung und große Prosa, es ist auch Dokumentation des jüdischen Alltags, wie man sie selten findet.
1956 (1/197f)

Kommunistisch und »kommunistisch« oder Wem gehört diese Erde?

Waren die Deutschen jahrhundertelang die klassischen Kriegslüsternen, sollen sie jetzt die verwerflichen Friedenslüsternen sein? Sollen sie wenigstens rüstungslüstern werden? Merkwürdige Volten werden da geschlagen, wenn man die Friedensdemonstrationen gegen die Verhängung des Kriegsrechts auszuspielen versucht. Offenbar hat die reichlich vorhandene westliche Abschreckungskapazität die Verhängung des Kriegsrechts nicht verhindert; hätte eine noch höhere Rüstung, hätten die Raketen und Neutronenwaffen ähnliche Maßnahmen verhindert? Anwendung wird doch angeblich nicht erwogen, oder? Ein Entgegenkommen oder gar Geschenk für die Friedensbewegung ist die Entwicklung in Polen gewiß nicht, ob sie ein Geschenk für die Rüstungslüsternen ist? Frieden in Polen, um Polen, für Polen – dahin führt der Weg gewiß nicht, den man dort eingeschlagen hat. Das so freundlich klingende Wort Normalisierung ist ja gleichbedeutend mit

Friedhof, was nicht gleichbedeutend mit Friedhofsruhe ist; wie soll ein Land ohne Kommunisten kommunistisch werden oder bleiben?

Die Sowjetunion hatte eine Chance, eine nicht nur weltpolitische, eine weltgeschichtliche Wende zuzulassen; ob die Vereinigten Staaten in ihrem Machtbereich eine vergleichbare Wende zulassen würden, ist für die Polen uninteressant, aber interessieren müßte sie die Glaubwürdigkeit der Vereinigten Staaten, die in Mittel- und Südamerika auf dem Spiel steht. Darf man alles sein, alles tun, wenn man nur nicht kommunistisch oder »kommunistisch« ist? Darf man Diktator, Mörder, Folterer, Gangster, darf man alles sein, wenn man nur das eine nicht ist und für das andere nicht gehalten wird? Das ist eine krankhafte Alternative, die den Polen nicht hilft.

Vielleicht ist der Tag nicht mehr allzu fern, an dem wir einen Nachfolger von Breschnew in einem feierlichen orthodoxen Gottesdienst bewundern können. Ich halte das nicht für unmöglich. Was dem russischen Imperialismus noch fehlt, ist die Rückkehr zur Orthodoxie. Nichts deckt Korruptheit besser zu als öffentliches Beten. Dann erst, wenn die Kreml-Herren reumütig vor der Ikonostase zu sehen sein werden, wäre die Entspannung vollendet, dann wären beide Supermächte christlich, mit ihnen ihre Atombomben, oder würden dann die Fundamentalisten im Osten ihre Atombomben für die ketzerischen Fundamentalisten im Westen bereithalten?

Die Polen werden wohl wissen, daß in Mittel- und Südamerika katholische Priester und Nonnen nicht nur schikaniert, auch ermordet werden und daß nach Maßgabe eines streng konservativen, unternehmerorientierten brasilianischen Bischofs ein Drittel des brasilianischen Episkopats »kommunistisch« ist, das wären schätzungsweise siebzig bis achtzig Bischöfe. Es sind die, die ihre Leben aufs Spiel setzen, um entrechteten Bauern, die von Vertreibung und Enteignung bedroht sind, beizustehen; die für Streikrecht eintreten; es sind die, die das tun, wofür »Solidarität« kämpfte; es sind die, die den US-Konzernen immer lästiger fallen, die immer wieder die Frage stellen: Wem gehört diese Erde?   1982 (4/25ff)

Die Freiheit der Kunst

Kunst. Ich spreche das große, recht hohl klingende Wort einmal aus, vielleicht ein zweites Mal; und wenn ich also, das Personalpronomen anwendend, von ihr spreche, »sie« sage oder »die« – dann wissen Sie, was gemeint ist. Was sie braucht, einzig und allein braucht, ist Material – Freiheit braucht sie nicht, sie *ist* Freiheit; es kann ihr einer die Freiheit nehmen, sich zu zeigen – Freiheit *geben* kann ihr keiner; kein Staat, keine Stadt, keine Gesellschaft kann sich etwas darauf einbilden, ihr das zu geben oder gegeben zu haben, was sie von Natur ist: frei. Gegebene Freiheit ist für sie keine, nur die, die sie hat, ist oder sich nimmt. Wenn sie Grenzen überschreitet – nach wessen Meinung ist ganz und gar gleichgültig –, wenn sie *zu* weit geht, dann merkt sie's schon: es wird auf sie geschossen. *Wie* weit sie gehen darf oder hätte gehen dürfen, kann ihr ohnehin vorher niemand sagen; sie muß also *zu* weit gehen, um herauszufinden, *wie* weit sie gehen darf, wie weit die ihr gelassene Freiheitsleine reicht.   1966 (2/228)

Formalismus, Realismus

Wahrscheinlich wird sich die Entwicklung von Kunst und Literatur in der Welt umkehren: der Westen wird seiner »formalistischen« Spiele müde werden und einen neuen Realismus suchen. Pop, Op und Happening sind Zwischenstationen, auf denen die ganze westliche Ästhetik, deren Wunschtraum immer noch das griechische Ideal war, auf den Kopf gestellt wird; und das ist gut so: Zersetzung ist erste Künstler- und Schriftstellerpflicht. Der Osten wird die »formalistischen« Spielereien alle hinter sich bringen müssen, nichts wird ihm erspart bleiben (ein Künstler oder Schriftsteller, dem etwas erspart bleibt oder der sich etwas erspart, ist keiner), und er wird doch zu seiner großen, seiner wunderbar langatmigen realistischen Tradition zurückkehren. Es wird – hier wie dort – noch viel Hin-und-Her-Geplänkel geben. Jeder, jeder Staatsmann verlangt im Grunde seines Herzens nach der »heilen«, seine Politik bestätigenden Literatur, mag sie nun christlich-abendländisch-gnadegeladen sein oder sozialistischer Realismus, der getrost kritisch bleiben darf, wenn er sich nur zum Ende hin zum Guten aufschwingt.   1969 (2/330)

Was »kommt an«?

Das Hauptargument der Vermittler gegenüber den Autoren ist meistens das Publikum, von dem behauptet wird, es wäre »für große Kunst nicht reif«, das meiste wäre entweder formal zu »schwer« oder in seiner Mitteilung zu düster, zu trist, trostlos, negativ. Tatsächlich enthält große Kunst wenig Trost. Die Künstler und ihre Kunst (große Worte, die ich im weiteren Text möglichst vermeiden werde) haben auch nie Trost versprochen; sie haben auch nicht Trostlosigkeit versprochen; sie sind auch nicht trostlos; ich glaube, das richtige Wort wäre: untröstlich; sie sind untröstlich darüber, daß der Mensch, dieses Wesen, von dessen Art sie sind und für dessen Art sie arbeiten, in einem Ozean von Vergänglichkeit sich bewegt, und sie sind – glaube ich – darauf aus, Augenblicke dauerhafter Schönheit zu schaffen. Schönheit und Poesie sind versprochen, Trost nicht. Trost versprechen die Religionen, Menschen können einander trösten. Irgendeine Kunstäußerung kann nicht den Menschen und nicht die Religion ersetzen, sie kann nie Ersatz sein; sie ist sie selbst; frei; und das einzige Versprechen, das sie enthält: Schönheit und Poesie, ist ohne Schmerz nicht hinzunehmen; der Anblick der Schönheit tut weh, und jeder Fetzen Poesie schwimmt auf diesem Ozean von Vergänglichkeit dahin.

Als der Schriftsteller G. B. Shaw, den die Welt als großen Spötter gekannt hat, im Sterben lag, war er glücklich über den Besuch der Frau seines Freundes, des irischen Schriftstellers O'Casey, und er sagte wenige Tage vor seinem Tode zu Eileen O'Casey: »Es ist sehr schön, das Streicheln einer weichen irischen Hand zu fühlen und den Klang einer weichen irischen Stimme zu hören.« Es war eine Hand, eine Frauenhand, die diesen großen Spötter tröstete, der gewiß nie in der Kunst jenen Trost gesucht hat, den diese nie versprochen hat. Vom heiligen Dominikus, der einen sehr streitbaren Orden gründete, wird berichtet, er habe sich auf dem Sterbebett zu einer einzigen Schuld bekannt: daß er immer lieber schöne Frauen in seinem Sprechzimmer empfangen habe als solche, die er nicht schön fand. Das ist eine überraschende Legende über den heiligen Gründer eines Ordens, der so viele Hexen verbrannt hat, Frauen also, die in den meisten Fällen schöner, klüger oder freier waren, als die Umwelt ertragen konnte. Dominikus ist heiliggesprochen worden, nicht aber jener andere Ordensmann, Friedrich Graf von Spee, der gegen die Hexenverbrennung predigte und schrieb. Der Dominikanerorden ist fast immer »angekommen«, Geister von der Art des Grafen von Spee nur selten; die klugen Ordensleute waren gewöhnlich Meister der Anpassung, sie waren immer »modern«, manchmal geradezu »modisch« – was bedeutet: sie waren immer sehr weit von Schönheit und Poesie entfernt; sie waren nicht untröstlich, wie es der Poet Spee war, hatten aber immer Trostworte bereit, gut gedrechselte Predigten; auf ihren Schönheitsgehalt geprüft: irgend etwas zwischen Kunstgewerbe und Kitsch. Es kam an. Eine Vorstellung vom Publikum, bei dem irgend etwas ankommen soll, haben nur Werbefachleute (zu denen ich auch die psychologisch geschulten Ordensleute zähle), und deren Ankommen begründet sich in den meisten Fällen auf Verführung des Publikums, von dem sie sich ein Götzenbildnis machen, das sie süchtig machen, um ihm dann seine Süchtigkeit vorzuwerfen und es gleichzeitig in seiner Süchtigkeit gefangenzuhalten. Autoren, Maler, Komponisten verteidigen, wenn sie sich gegen die Demagogie des Wortes »Ankommen« wehren, immer das Publikum; denn es liegt ein großer Respekt vor dem Publikum darin, so zu schreiben, zu malen, zu komponieren, wie einer »es für richtig hält«, mag es nun »ankommen« oder nicht. Das einzige schließlich, das (jedenfalls in den meisten Fällen) wirklich ankommt, ist die Post: man braucht sie nur zu frankieren und in den nächsten Kasten zu werfen; auch Züge kommen gewöhnlich an. Das religiöse Wort für Ankommen ist Advent, und nur in diesem Sinne ist alle Kunstäußerung (die unreligiöse mehr als die religiöse, die nur als Handelsbegriff vorhanden, als Marktwert da ist) – ankünftig, und die Stärke des Geschriebenen, Gemalten, Komponierten ist die freie Ankunft. Die anderen, die das Wort »Ankommen« so häufig im Mund führen, kommen dem Publikum entgegen. Unter dem Vorwand, man müsse ihm Trost und Zuspruch bieten, bieten sie ihm billigen Trost und billigen Zuspruch, was nur andere Ausdrücke für Kitsch sind. In jeder Kunstäußerung liegt eine ziemliche Zumutung, und Zumutung ist eine Äußerung des Respekts. Schließlich ist eine Liebeserklärung auch eine ziemliche Zumutung.

Den besten Beweis für die Tatsache, daß Entgegenkommen den Verlust von beiden, von Form und Inhalt, Gesicht und Profil bedeutet, liefern die politischen Parteien der Bundesrepublik; sie muten dem Publikum nichts mehr zu, enthalten dem Bundesrepublikaner seine Wirklichkeit vor; trösten ihn darüber hinweg, machen ihn immer süchtiger. In den meisten politischen Reden der Bundesrepublik ist ein Unterton von Sentimentalität und Gekränktheit unüberhörbar, und die meisten politischen Redner sehen schon aus, als würden sie im nächsten Augenblick zum Ergötzen des Publikums eine Arie aus dem *Bettelstudenten* »schmettern«.

Die Ankünftigkeit jeder Kunstäußerung, ihre Pünktlichkeit ist ganz anderer Art, als diejenigen wissen, die das »Ankommen« erfunden, studiert, perfektioniert haben: mag es nun ein Waschmittel betreffen oder eine gut gedrechselte Predigt. Wer in irgendeiner Kunstäußerung Trost finden möchte, muß im Erkennen geübt und auf Bitterkeit gefaßt sein: nicht auf Trostlosigkeit, sondern auf die Untröstlichkeit, die auf dem Grund der Poesie liegt. In den Briefen der Rosa Luxemburg finde ich weitaus mehr Trost als in den sanftsüßen, ein wenig nach Fliederparfüm duftenden Publikationen ihrer »trostreichen und tröstlichen« Zeitgenossinnen, nach denen unsere Großmütter süchtig waren. Was Rosa Luxemburg in ihren Briefen aus dem Gefängnis an Zärtlichkeit für diese Erde bietet, ist teuer erkauft; es ist jedem angeboten, jeder kann daran teilhaben. Trost kann nie so rund und so einfach wie ein Apfel sein, den man jemand in die Hand legt; er kommt nie

»aus dem Leben«, nie aus der Wirklichkeit, er kommt weit her und hat eine schwere Geburt hinter sich, weil er nie er selbst – nie so rund und einfach wie ein Apfel – sein kann; er hat es schwer, weil er sich ausdrücken muß. Der Trost, den einer in einer Kunstäußerung finden mag, ist auch nie greifbar, so wie jene Frauenhand greifbar war, die den großen Spötter Shaw auf dem Sterbebett tröstete. Es ist gut, zu wissen, daß eine Frauenhand so viel Trost bieten kann, wie sie diesem großen Spötter geboten hat, und es ist notwendig, daran zu erinnern, daß Dominikus, dessen Orden an der Verbrennung so vieler schöner Frauen mitgewirkt hat, so gern schöne Frauen in seinem Sprechzimmer empfing. Es ist auch gut, daran zu erinnern, daß Friedrich von Spee nie heiliggesprochen wurde und wahrscheinlich nie in dieser Gefahr war. Die Hexenverbrennungen waren Zerstörung von Poesie, sie waren ein Tribut ans »Volksempfinden«, das durch Demagogie auf diese Art Götzendienst süchtig gemacht worden war. Ich denke, die Hexenverbrennungen kamen seinerzeit sehr gut an. Hinter dem Wort »Ankommen« verbirgt sich eine neue Art von Götzendienst: man macht sich »ein Bildnis« vom Publikum, dem man erst opfert wie einem Götzen, der dann anfängt, Opfer zu fordern.   1966 (2/198ff)

Liebe

Was die Literatur in schwerem Gang unter
schwerem Beschuß immer schon und immer
wieder getan hat: Tabus durchbrochen, hat sie
getan, nicht etwa, weil sie etwas »von der Liebe
versteht«, sondern weil sie sie sucht, immer
wieder und immer wieder vergebens nach ihr
sucht, von der niemals irgendein Staat oder irgendeine Kirche etwas verstanden haben. Staat
und Kirchen können nur zwei Möglichkeiten
dulden: Ehe oder Prostitution, und in den meisten Fällen ist ihnen die Liebe außerhalb dieser
beiden Gehege verdächtig (mit Recht übrigens,
denn in der Liebe ist etwas von ihr, über die wir
hier sprechen: sie ist frei, geordnet und untröstlich, also Poesie – und Poesie ist Dynamit für
alle Ordnungen dieser Welt). Die Literatur auf
der Suche nach dieser Unmöglichkeit hat etwas
erreicht, das die Gesellschaft mit ihrem küm-
merlichen Klimperkleingeld von Freiheiten
gleich einordnen, »Durchbrechung sexueller
Tabus« nennen mußte – aber in dem Augenblick, wo die Gesellschaft verstanden zu haben
glaubt, was sie nie verstehen kann, wenn sie

sich aus der Trinität nur die Freiheit herausnimmt und viel, viel Trost findet, keinerlei Ordnung – in diesem Augenblick wird in der zweiten, dritten und soundsovielten Hand, was einmal groß war, unter schwerem Beschuß und in schwerem Gang begonnen – zu schleimiger Schlüpfrigkeit, auf dem Umweg über die zwangsläufige Umkehrung (denn die Gesellschaft kann nur zwanghaft handeln) wird es zu einer neuen Abart von Heuchelei. 1966 (2/231f)

Luft in Büchsen
oder
über den Haushalt
der Erde

Über die Ausbeutung des Menschen durch den Menschen wird seit Bestehen der Menschheit spekuliert; über die Ausbeutung der Landschaft noch nicht ganz so lange; in einem blinden, profitgierigen Optimismus hat man über eineinhalb Jahrhunderte lang Industrialisierung betrieben. Immer feste druff, wenn nur die Kohlen stimmen. Die stimmen inzwischen halbwegs, und nun stellt sich heraus, daß nicht nur Mensch und Landschaft ausgebeutet, daß auch die Elemente vergiftet oder vertrieben werden. Es haben genug Architekten und Soziologen, Psychologen und gelegentlich sogar ein paar Theologen gewarnt und gescholten, geschehen ist bisher nicht viel, und wenn man sich überlegt, warum denn jener schwer definierbare Teil der Menschheit, den man die Jugend nennt, so apathisch oder gar pessimistisch ist, so sollte man sich fragen: Welche Zukunft hat man ihnen bereitet oder hält man für sie bereit? Welche Lebensqualität? Auch der Wasser-

verkäufer und der Lufthändler werden sie nicht
mit dieser selbstmörderischen Zivilisation versöhnen.

Bis zum Jahre 1985 werden, wie das General-
sekretariat der Vereinten Nationen mitgeteilt
hat, neuntausend Milliarden Mark für Rüstung
ausgegeben worden sein, in einer nackten Ziffer ausgedrückt: 9 000 000 000 000 Mark; das
ist schon eine fast mystische Chiffre, weil man
die Nullen nur noch mühsam handhaben und
die Ziffern nur mühsam in Worte übersetzen
kann; und um eine Wasserkatastrophe zu verhindern, müssen bis zum Jahre 2000 234 Milliarden Mark aufgebracht werden, das sind
zehn Bundeswehretats. Um alle möglichen Ka-
tastrophen, die ich hier nicht aufzählen kann, zu
verhindern, muß es also Raumordnung, Städ-
teplanung, Verkehrsplanung, Gesundheits-
dienste, Bildungsreformen, Umweltschutz geben. Es müssen ganz neue Wertvorstellungen
erarbeitet werden, die mit den bestehenden:
Profit, Produktivität, Umsatzsteigerung, natürlich in Konflikt geraten, und was vor allen
Dingen in allen diesen vielfältigen, verwickel-
ten Problemen eingeplant werden muß, das
ist die Zeit, denn es ist höchste Zeit, und die
Zeit vergeht rasch. Und jeder Politiker, der
glaubt, es könne das alles ohne Steuererhöhun-

gen geplant werden, belügt sich selbst oder andere.

Wie sollen wohl diese Probleme gelöst werden, wenn *nicht* geplant wird? Das Gegenteil von Plan braucht nicht Freiheit zu heißen, es kann auch Planlosigkeit heißen, und die Folgen einer planlosen, rücksichtslosen Industrialisierung sehen wir ja.

Atemluft, Trinkwasser dürfen nicht zum Besitz einer privilegierten Schicht werden, die es sich leisten kann, aufs Land hinaus zu fahren, ins Zweithaus oder die Zweitwohnung, wo ihr außerdem die beiden weiteren für Stadtbewohner selten gewordenen Elemente zur Verfügung stehen: das Feuer im Kamin und die Erde im Park oder Garten. Das neue Wort Lebensqualität ist kein schönes Wort, es steht für etwas sehr Altes, das selbstverständliche Lebensmaterial: Luft, Wasser, Feuer, Erde. Und noch etwas, was nicht in die Aufzählung der klassischen Elemente gehört, ihnen aber zugezählt werden müßte, wird zum Besitz Privilegierter: Ruhe oder Stille. Die Anzahl der Lärmvertriebenen wächst täglich, auch die Anzahl derer, die es sich nicht leisten können, vor dem unerträglichen Lärm zu fliehen, weil sie um ihren Arbeitsplatz fürchten müssen.

Die Legende vom Lufthändler könnte bald so

wahr werden wie die Legende von dem, der an die Menschen Ruhe und Stille verkauft; irgend jemand, der ein System erfindet, diesen armen und armseligen, verrückten, gehetzten Midasnachfolgern ein Stückchen Stille oder Ruhe ans Ohr zu halten, und es werden natürlich der Wasser-, der Luft- und der Ruhehändler nicht nur Kleinhändler sein; Großhändler, Konzerne werden sich bilden, die Wasser, Luft, Ruhe aufkaufen, horten und mit Profit an den Kleinhändler weiterverkaufen. Es ist schon unfaßbar, wenn man angesichts der nicht mehr nur zu erwartenden, der schon eingetretenen Entwicklung, Worte wie »Plan« denunziert, obwohl man selbst dauernd plant: Werbefeldzüge werden ja auch geplant, und man nennt sie Feldzüge, entnimmt das Vokabularium dem Kriegsbereich.

Nicht nur Staaten und Gemeinden haben einen Haushalt, auch die Erde hat einen, sie hat u. a. einen Sauerstoff- und einen Stickstoffhaushalt, und wir leben schon längst auf Kredit. In der blinden Aufbauphase der Bundesrepublik ist mit rücksichtsloser Euphorie, die nur auf Profit gerichtet war, Ausbeutung und Ausverkauf betrieben worden, und der Rest der Welt hat diesen Wiederaufbau erstaunt als eine Art Wunder wahrgenommen. Die Ursachen dieses

Wunders waren nicht nur Fleiß, auch eine allen Beteiligten gemeinsame Blindheit. Immer feste druff. Die Kohlen stimmten, halbwegs in den Lohntüten und auch bei der Errechnung von Aktiengewinnen. Herrliche Zeiten. Ja. Das zweite Wunder wird schwerer zu bewerkstelligen sein: Es bedarf keiner bloß nationalen Planung, die Probleme sind längst international, wie der sowjetische Wissenschaftler Sacharow schon vor Jahren angekündigt hat, als er über ökologische Probleme schrieb, also über den Haushalt der Erde. 1972 (2/610ff)

Straßen in der
Medienlandschaft

Ich möchte noch etwas zur Straße sagen. Wer
so alt ist wie ich, älter oder ein bißchen jünger,
ist natürlich auch traumatisiert durch die
Straße, den Nazi-Terror auf der Straße, die,
ich habe es so empfunden, Heimatvertreibung
von der Straße durch die Nazis. Die Kölner
Straßen, die ich als Heimat betrachtete, waren
für mich nicht mehr betretbar, weil diese Hor-
den da durchmarschierten, nicht nur zu dem
Zwang, die Hand hochzuheben, sondern auch
noch ihre blutrünstigen Lieder sangen. Verstehen Sie, wir sind auch traumatisiert durch die
Straße. Natürlich auch durch den Marsch über
die Straßen Europas, die wir im Krieg entlang-
marschiert sind. Ich muß mich von diesem
Trauma befreien, um auf die Straße zu gehen,
aber ich gehe nicht nur auf die Straße, ich *setze*
mich auf die Straße. Ich setze mich der Regel-
verletzung, der Ordnungswidrigkeit, der
Strafbarkeit aus und möchte darauf hinweisen,
daß man sich vielleicht strafbar machen muß,
um das Delikt, dessen man sich strafbar
macht, aus dem Strafgesetzbuch zu eliminie-

ren. Sehen Sie sich an, was vor 120 Jahren alles strafbar war.

Ich schlage vor, nein, ich möchte noch darauf hinweisen, daß die Straße das Medium, Ausdrucksmedium, von Meinungen ist, die in der Medienlandschaft, wie man sie nennt, nicht mehr vertreten werden. Die Verschleimung unserer Medien nimmt täglich zu.

Also wird die Straße für uns immer wichtiger, und wir werden uns auch daraufsetzen. Ich erinnere Sie an die Einrichtung der Sitzredakteure. Wir müssen die Sitzredakteure wieder erfinden.   1983 (4/166f)

Minderheiten

Veränderungen der Welt und der Gesellschaft sind immer durch Minderheiten bewirkt worden, die das, was ihnen einfach vorgesetzt wurde, prüften und der Achtung nicht für wert hielten.

Es gibt keine »vorgesetzte« Autorität. Autorität muß sich als solche bilden, bewähren, muß ständig gesprächsbereit sein, sich der Kritik – der Prüfung – stellen. Autorität kann nur entstehen, sie darf nicht einfach »verfügen«. Sie kann raten und beraten, und es ist immer problematisch, wenn eine einzige Person oder Institution den Anspruch erhebt, »Autorität« zu sein, gleichgültig ob als Politiker, Parteifunktionär, Professor, Feldwebel, Lehrer, Richter, Pfarrer, Partei, Politbüro oder Regierung. Sie muß der Kritik und auch der Ironie ebenso unterliegen wie die von ihr vertretenen Auffassungen und die von ihr gestellten Forderungen. Wenn also heute »vorausgesetzte« Autoritäten kritisiert und abgelehnt werden, ist das ein erfreuliches Zeichen. Insofern ist es nicht wichtig, ob die »rebellische Jugend« eine Minderheit ist und ob ihr Auftreten möglicherweise aus diesen oder jenen Gründen »hochgespielt« wird. Wichtig und entscheidend ist, wie sich eine oft genug unartikulierte Mehrheit verhält; ob sie sich an die vorhandene Autorität anschließt, sich von ihr »schützen« läßt oder ob sie nicht etwa einen angeblichen Mittelweg findet –, denn es gibt keinen Mittelweg! – sondern eine dritte Kraft entwickelt, vergleichbar dem, was den meisten Jugendlichen in der CSSR vorschwebt: Weder Kapitalismus noch den von Moskau administrierten kryptokolonialistischen Kommunismus, sondern den eigenen Weg zum Sozialismus. Es ist nicht die Frage der »Unauffälligkeit« oder »Auffälligkeit«, es ist die Frage, ob man re-agiert oder agiert. Bisher verhält sich die etablierte Gesellschaft im politischen Sinn nur reaktiv, was unaufhaltsam zur Reaktion führt.   1969 (2/336f)

Organisiert oder organisch

Es gehört wohl zur immanenten Borniertheit von Apparaten (nicht etwa nur der östlichen), daß sie Bewegungen, sich historisch ergebende Zusammenhänge immer nur als organisierte begreifen können; so suchen die östlichen Apparate immer »faschistische«, die westlichen immer »kommunistische« Agenten; die Angst vor dem Organisierten läßt sie das möglicherweise viel Gefährlichere, das Organische (das man herablassend gelegentlich auf beiden Seiten das Spontane nennt) von Bewegungen und Entwicklungen mißachten. Gegen Apparate und Organisationen setzt man Apparate und Organisationen in Bewegung (Armeen, Geheimdienste), die letzten Endes vorbeigreifen, weil sie Greifbarkeit voraussetzen. 1977 (3/456)

Politik

Das Außerparlamentarische gehört zum parlamentarischen System, und wäre es nur als Wecker. Große, noch nicht genau erkenn- und analysierbare Veränderungen gehen vor sich, innerhalb jenes gewaltigen Terrains, das ich Arbeitssystem oder Arbeitswelt nennen möchte.

Man könnte die Formel riskieren: es gibt wenig Arbeit, aber viel zu tun.

Die Begriffe Arbeit, Arbeiter, Arbeitsplatz ändern offenbar ihren herkömmlichen Charakter, und das neue Proletariat ist heute an den Universitäten und Hochschulen zu finden. Und wer darüber nachzudenken riskiert, ist nicht einmal ein Systemveränderer, nur einer, der die Veränderungen, die im Inneren des Systems stattfinden, zu erkennen versucht. Wer das Alternative pauschal diffamiert, einem Alternativen vorwirft, daß er möglicherweise Sozialhilfe bekommt, möglicherweise, wohlgemerkt, der sollte doch einmal offenlegen, wieviel Subventionen die Industrien und andere gesellschaftlich etablierte Gruppen bekommen und bekommen haben – und das dann umrechnen auf die Arbeitsplätze, die kurzfristig damit erhalten worden sind. Und wenn die Stahl- und Autoindustrie schlappmachen, beide uns als Schlüsselindustrien vorgestellt, darf man sich ja wohl Gedanken darüber machen, ob das Schloß noch funktioniert, der Schlüssel noch paßt. Nur nicht zu früh über alternative Gedanken lachen oder sie lächerlich machen. Mit der kumpelhaften Aufforderung, die Ärmel hochzukrempeln, ist keinem gedient, der wohl anpacken möchte, aber nichts findet, was er anpacken kann. Könnte ja sein, daß auch mancher alternative Arbeitsplatz subventioniert zu werden verdient. Es gehört Mut dazu, sich solche Gedanken zu machen, da findet eine Revolution, fast eine Explosion, aus dem Inneren des Systems statt, und es wäre zu überlegen, ob nicht vor diesen Erkenntnissen der Einstieg in die geistige Erneuerung, ins Umdenken zu finden wäre.

Nur ein paar Worte über das wahnsinnigste aller Systeme: das Rüstungssystem, das seine Absurdität täglich aufs neue offenbart. Wir wollen ja gar nicht so utopistisch, idealistisch, so wirklichkeitsfremd sein wie die Politiker, die da dauernd von *Ab*rüstung sprechen, es schon zu einem *Ab*rüstungserfolg erklären, wenn sie nur einen geringen Prozentsatz weniger *auf*rüsten. Wir reden ja nur vom Stopp, vom Freeze, und erfahren enorme Ermutigung darin aus den Vereinigten Staaten. Erst mal Stopp, Freeze – dann können wir ja weitersehen, ob wirklich *ab-,* ja abgerüstet wird. Keine der in unserem Parlament vertretenen Parteien wird es wagen, keine, eindeutig öffentlich klarzumachen, daß zwar allenthalben in der Welt die Dogmen wanken oder schon geknackt sind, daß nur der NATO-Doppelbeschluß, der nicht einmal ein Dogma, sondern nur ein schlichter *Beschluß* ist – daß der härter und fester stehenbleiben soll als der Fels Petri.

Es wäre viel über manches andere System zu sagen: etwa das Geld- und Bankensystem: aus diesem Milliardengepurzel werden ja offenbar nicht einmal die angeblich Eingeweihten schlau. Absurdität über Absurdität. Wieviel Absurditäten kann unser Bewußtsein noch aufnehmen, bevor wir alle durchdrehen? Wie viele Kranke produziert diese Welt in all ihren Systemen. Wieviel an technischer Intelligenz und an physikalischem Genie werden investiert und letztens Endes verschwendet, an neuen Waffensystemen, die dann nur als eine Art höheres und sehr kostspieliges Spielzeug existieren. Angewendet bedeuten sie Tod und Vernichtung, nicht angewendet starren sie mit fast schon metaphysischer Blödheit in den Himmel oder hocken in Bunkern. Und wenn uns einer sagt, man müßte das alles emotionslos sehen – dann sehen wir uns doch einmal die sentimental strahlenden Augen der Militärs und der Ministerialen an, wenn ihnen neue, neueste, allerneueste Maschinerien vorgeführt werden; um ihre Begehrlichkeit zu wecken, denn es geht ja wohl bei Waffen aller Kategorien um ein kleines bißchen jener vulgären Materie, die man Geld nennt. Merken die Politiker nicht, daß sie uns zuviel Absurditäten zumuten, wenn sie dann auch mit glücklich glitzernden Augen auf Flugplätzen und vor Regierungssitzen Fronten abschreiten, da wehen die Haare, da flattern die Fahnen, Musik erklingt – im Normalfall stupides Gefühlsgetrommel; welch ein großartiges, international abgesprochenes Täuschungsmanöver. Und erst die vielen tausend Küsse und Küßchen, die auf den Flugplätzen sozialistischer Länder fällig sind. Dieses widerwärtige Brüderchen-Getue. Absurdität ringsum: im Arbeitssystem, im Banken- und Geldsystem, dessen kaum mehr zählbare Nullen sich in Seifenblasen zu verwandeln drohen. Die Absurdität des Medien- oder Informationssystems.

Die mörderische, ja, mörderische Absurdität unseres Ernährungssystems, angesichts einer

Überproduktion von Nahrungsmitteln – dieses fürchterliche Schlangestehen vor den Pforten des Hungertodes. Alles ist darauf angelegt, uns in den Wahnsinn, den Stumpfsinn, in die Verblödung zu treiben. Alles heruntergegrinst, heruntergeschmunzelt im Leerlauf der Konferenzen, in der Nichtigkeit der Gipfel, der Nichtigkeit des immer und immer wieder wiederholten Wortes Solidarität. Ich sehe auf dem freien Markt keine Bude, in der Solidarität angeboten wird.   1982 (4/76ff)

Radikalität und Hoffnung

Politiker, die sich zu Radikalen äußern, haben immer sofort die freiheitlich-demokratische Grundordnung im Mund, die in Gefahr sei, und mir scheint, dieses Wort geht den meisten von ihnen allzu flüssig, fast süffig aus dem Mund. Könnte es sein, daß diese freiheitlich-demokratische Grundordnung, die sie in Gefahr sehen, noch nicht ganz verwirklicht ist? Laut Artikel 3 des Grundgesetzes für die Bundesrepublik Deutschland sind alle Menschen vor dem Gesetz gleich, und es ist gewiß nicht Schuld der Gerichte und Richter, daß diese Gleichheit – laut Aussage der Polizeibeamten – nur zu einem Bruchteil existiert. Die meisten Menschen kennen sich mit dem Rechtsinstrumentarium nicht aus, sie haben Artikulationsschwierigkeiten, es kommt zu Mißverständnissen, Resignation, und hier kommt ein zweites, weiteres Recht, ebenfalls aus Artikel 3, auf die Szene: »Niemand darf wegen seines Geschlechts, wegen seiner Abstammung, seiner Rasse, seiner Sprache, seiner Heimat und Herkunft, seines Glaubens, seiner religiösen oder politischen Anschauungen benachteiligt oder bevorzugt werden.«

Ist die freiheitlich-demokratische Grundordnung, die immer als gefährdet dargestellt wird, also hergestellt, oder bestehen da möglicherweise noch erhebliche Lücken zwischen der Verbalität des Gesetzes und seiner Verwirklichung? Und könnte es sein, daß die freiheitlich-demokratische Grundordnung von vielen dieser Radikalen nicht gefährdet, sondern gewünscht und angestrebt wird? Wo hätte es je einen Staat gegeben, ganz gleich, wie er sich verfaßt, der es sich nicht gefallen lassen muß, daß man die Buchstaben seiner Verfassung beim Wort nimmt? Wenn laut Grundgesetz alle vor dem Gesetz gleich sind und ein erheblicher Teil der Hüter des Gesetzes diese Gleichheit bestreitet, dann muß man den Radikalen das Wort Klassenjustiz genehmigen, ohne sie zu denunzieren; und wenn die Gleichheit in einem so erheblichen Ausmaß nicht erfüllt ist, kann man die Radikalität, mit der sie verlangt wird, weder verwerflich noch kriminell nennen, nicht einmal idealistisch.

Was wäre aus der Bundesrepublik geworden, hätte es nicht Radikale und Extremisten gegeben, die nicht auf persönliche Bereicherung, sondern auf Veränderung der bestehenden Verhältnisse aus waren? Man denke sich doch einmal die Studentenbewegung aus unserer Geschichte fort, stelle sich vor, sie habe nicht stattgefunden – wie gelähmt wäre unser Bildungswesen denn heute? Wer hat es denn riskiert, das praktizierte Bodenrecht, das Eigentum als erster in Frage zu stellen? Und man versuche doch einmal, sich die Beschlüsse, die über Bodenrecht, Mitbestimmung, Bildungspolitik gefaßt worden sind – als auf einem Bundesparteitag der CDU, sagen wir 1963, gefallen vorzustellen! Waren diese Wandlungen in den Programmen der CDU und CSU, mag man sie noch so bescheiden finden, denn überhaupt denkbar ohne die Anstöße der Radikalen und Extremisten? Man wird dagegenhalten: Die Zeit war noch nicht reif, jetzt ist sie es. Ich halte dagegen: Die Zeit wird nie reif, sie kommt nie, wenn nicht Radikale sie in Bewegung setzen und zur Reife bringen. Und wer ohne sich der Wörtlichkeit der Worte »radikal« und »extrem« zu besinnen, undifferenziert Radikale und Extremisten aus der Mitarbeit im öffentlichen Dienst ausschließt, schafft, nachdem er deren Anstöße und Anregungen moderiert und formalisiert in seine Programme aufgenommen hat, lähmende Entmutigung und verhindert Leben.   1973 (3/73ff)

Heiliger Sachzwang

Die Marktwirtschaft, die Freie, gibt ihren Kindern denkwürdige Namen, das jüngste, einen Knaben, hat sie *Sachzwang* genannt. Wenn ich versuche, mich von der Bedeutung, die dieser Name haben könnte, zu lösen, ihn nur als lautliches Gebilde wahrzunehmen, gerate ich in die Nähe des Schluchtenhunds, auf Morgensternsche Auen, und fange an, frei nach Morgenstern, zwanglos dem Wort »Zwang« in seiner Lautlichkeit Geschwister zu bilden: Der Sachzwang und der Wirtschaftszwang, die hatten eine Schwester, das war die kleine Zwangswirtschaft, geboren an Sylvester. Man kann mit den Wörtern Zwang, Wirtschaft und Sache beliebig spielen, aus dem Sachzwang eine Zwangssache machen, aus der Zwangswirtschaft eben Wirtschaftszwang. Sachliche Zwänge hat's ja immer schon gegeben, aber sie waren, wie die wirtschaftlichen Zwänge, noch adjektivisch verbrämt.

Wie aber kommt sie, die Marktwirtschaft, die Freie, dazu, dem Wort Zwang in ihrer Familie Rang und Hintergrund zu verleihen?

Werden wir, freie Menschen, etwa von Sachen zu etwas gezwungen? Und wenn ja, welche Sache zwingt da wen oder was zu was? Da Vermenschlichung ein so bedrohlicher Begriff ist, hat man ihr ja schon die Versachlichung entgegengesetzt. Es gibt ja leider immer noch das »menschliche Versagen«, wie wäre es, wenn man das »sachliche Versagen« in die Terminologie aufnähme? Da es bisher nur erst »wirtschaftliche Zwänge« gibt, der »Wirtschaftszwang« noch nicht geboren ist, wollen wir den kleinen Sachzwang vorläufig gut im Auge behalten. Eine kluge und sensible Frau gibt ihren Kindern keine Zufallsnamen. Noch ist er klein, der liebe Sachzwang, und seine Mutter flüstert ihm vielleicht zu: »Werde groß und stark, du mein Schneller Brüter, und wenn da Leute auf die Idee kommen, du wärst mir aufgezwungen worden, und ich hätte dich deshalb so genannt, dann werden wir sehr sehr böse . . .«

Ich fürchte eben nur, daß unser lieber kleiner Sachzwang – leider, leider – keine Morgensternsche Wortbildung, kein Verwandter des Schluchtenhundes ist. Mit ihm bekennt sich seine Mutter offen zum Zwang, nicht zum Zwang einer Ideologie, sondern einer Sache. Damit deutet sie eine Sach-Ideologie an, von der wir nicht wissen, wo sie endet. Das Wörterbuch des Unmenschen bedarf der Ergänzung. Es müßte sich des grausamen Euphemismus annehmen, der sich hinter Worten wie »Lauschangriff« oder »Ölteppich« verbirgt. Teppich, das klingt so gemütlich, nach Wohnzimmer, Kamin, Pantoffeln, Pfeife, Whisky. Wem je eine *Büchse* Motorenöl umgekippt ist, der weiß, *wie* gemütlich so ein netter kleiner Teppich ist, und wer auch nur je auf irgendeinem Strand auf einen nußgroßen Ölrückstand getreten ist, weiß, wieviel Sach- und Waschzwang dieses nußgroße Stück verursacht. Wer möchte schon auf diesen Teppich treten, der sich da auf Nordeuropas Küsten zubewegt, und überhaupt, was soll denn aus der deutschen Kultur werden, wenn Sylt von diesem Ölteppich umschlossen wird? Man wird ja wohl gelegentlich noch an die deutsche Kultur denken dürfen. War's nun menschliches oder sachliches Versagen, ist es nun ein Unfall oder eine Katastrophe, oder wird man sich zum Frühschoppen-Kompromiß entschließen und es einen katastrophalen Unfall nennen?

Ganz gewiß ist mit *Sachzwang* nicht gemeint, daß die Sache, die man Energie nennt, uns nun in eine solche Katastrophe hineinzwingt. Das Gegenteil ist gemeint: der Sachzwang zwingt uns, eine solche Sache um der Sache – welcher?

– willen hinzunehmen, nicht nur nicht darüber nachzudenken, was da alles noch passieren kann, auch nicht darüber nachzudenken, was das dann bloß alles *kosten* mag. Der Sachzwang will, daß wir uns in Fatalismus üben. 1977 (3/443ff)

Familie Saubermann

Ich bewundere immer wieder die Geschicklichkeit der Werbeleute, die es fertig bringen, die zuerst gezeigte Wäsche tatsächlich ein *bißchen grau* erscheinen zu lassen. Ein anderes (vielleicht ist es auch dasselbe!) Waschmittel wird jetzt mit der Familie *Saubermann* propagiert. Vielleicht erinnern Sie sich: die Völker, die auszumerzen die Nazis ausgezogen waren: Polen, Juden, Russen, wurden als *schmutzig* propagiert. Am besten war natürlich die Kombination: schmutzig und arm, bzw. die Identifizierung der beiden Begriffe; das ging bei den Juden schlecht, weil man sie gleichzeitig als die Bankiers der Welt hinstellte. Wahrscheinlich war es für die Nazis tatsächlich eine Überraschung festzustellen, daß es in Polen und Rußland Millionen *armer* Juden gab. Da stimmte die ursprüngliche Rechnung: arm und schmutzig dann wieder. Natürlich ließen sich ganze Theologien, Soziologien und Philosophien über dieses »schmutzig und arm« entwickeln, das ist nicht meine Sache, mich interessiert jetzt nur das durch ein Waschmittel zu beruhigende Gewissen der netten Durchschnittsfrau, und es fällt mir nicht schwer, mir Herrn Saubermann in irgendeinem Säuberungskommando vorzustellen.

Körperliche Sauberkeit ist in extremen Lebenslagen: Armut, Gefangenschaft, enge Wohnverhältnisse, ein Luxus, der Wunder bewirkt, sie ist etwas Religiöses. Ich habe während des Krieges und im Gefangenenlager begriffen, daß Waschungen ein religiöses Element enthalten können, und ich bedauere es immer wieder, daß die Priester mit so sauberen Händen den Gottesdienst beginnen und die Handwaschung zu einem leeren Ritus erstarrt. Deren Hände sind immer so sauber, daß einem das zum Waschen gereichte Wasser schmutzig vorkommt. So verstehe ich auch das Gewissen der netten Durchschnittsfrau und die Familie Saubermann religiös: man kommt sich schmutzig vor, wenn man sie sieht, das heißt: katholisch, russisch, jüdisch, polnisch, wie ein Neger. Die Politiker reden immer so gern davon, bilden sich fast schon etwas darauf ein, daß ihr »Geschäft schmutzig« sei; sie haben diese Feststellung immer bereit, wenn ihnen einer »moralisch« kommen will, und doch ist diese Ausrede nur die billigste Form der Koketterie. Schließlich sind alle Geschäfte dieser Welt schmutzig: der Kohlen- und Nachrichtenhandel, die Literatur und das Fernsehen; da dürften sich die Politiker nicht mehr allzuviel auf ihren Schmutz einbilden und nicht so oft und so lange weinerlich daherreden, wie sie sich opfern, indem sie sich notwendigerweise »schmutzig machen«. Eine solche Sentimentalität dürfte man höchstens einer Prostituierten zubilligen. Ich glaube, auch mit der »Macht« (»Ich habe eben ein Verhältnis zur Macht« ist die übliche Formulierung) ist es nicht so weit her. Der literarische Haus-Esel einer deutschen Wochenzeitung übt weitaus mehr Macht aus als der Durchschnittspolitiker, und der Haus-Esel übt sie grinsend und im Vollgefühl derselben aus, er gleicht den Politikern nur in einem Punkt: er wird weinerlich und sentimental, er wird »privat«, wenn ihm einer mal auf die Finger schaut oder gar klopft. Mein Gott, das ist vielleicht ein sauberes Geschäft! Als ob's ein Kunststück wäre, über Deutsche Macht auszuüben: wo sie Macht spüren, kann man ihrer Anbetung sicher sein, und manches große Verlegerherz lacht erleichtert, wenn der Haus-Esel Gnade walten läßt. Schweigen wir von den Bankiers, denen das »Macht-und-Schmutz-Getue« der Politiker ziemlich lächerlich vorkommen muß.

Herr Saubermann und seine nette kleine Durchschnittsfrau sind das letzte, allerletzte Signal, einer gewissenlosen Gesellschaft keinen Einblick ins Gewissen mehr zu geben. 1964 (2/216ff)

Die neuen Probleme der Frau Saubermann

Herr Saubermann ahnt noch nicht, daß er längst zum Schmutzfink degradiert ist. Mit männlicher Naivität nimmt er sich morgens sein frisch gewaschenes und gebügeltes Hemd aus dem Schrank, in der Annahme, daß sein Hemd den Ansprüchen genüge, weil es sauber ist. Frau Saubermann sieht ihm mit skeptischer Wehmut zu, wie er das Hemd in die Hose stopft, seine Krawatte bindet und, fröhlich den Autoschlüssel schwenkend, zu seinem Wagen schreitet. Frau Saubermann weiß, daß ihres Gatten Hemd zwar sauber, aber gewiß nicht rein ist, und sie weiß auch, daß Sauberkeit längst etwas für Schmutzfinken geworden ist. Wer ist schon nur noch sauber? Als kleines Mädchen hat sie wahrscheinlich noch gebetet: »Ich bin klein, mein Herz ist rein, soll niemand drin wohnen als Jesus allein.« Sie wäre nie auf die Idee gekommen zu beten: Mein Herz ist sauber.

Das waren noch Zeiten, als nur Frau Sauber-
manns Gewissen neben der Waschmaschine
stand; als nur ihre Moral gefordert wurde. Jetzt
ist die Metaphysik in die Trommel der Waschmaschine vorgedrungen, abstrakte Theologie
der Engelsreinheit, nicht mehr bloß die greif-
bar-grobe irdische Sauberkeitsideologie. Natürlich, denkt Frau Saubermann, war Jesus
wahrscheinlich (oder möglicherweise) rein,
aber an seiner Sauberkeit hegt sie Zweifel. Sie
ahnt unlösbare Konflikte, und da sie schwer
lösbare Konflikte genug hat (ökonomische und
moralische), bangt ihr vor der Metaphysik in
der Waschmaschine. Ist das Hemd ihres Mannes rein? Soll Jesus im Hemd ihres Mannes
Wohnung nehmen, dieser Reine, der wahrscheinlich so unsauber war?

Denkt sie erst an eine andere, ihr liebens-
werte Erscheinung des Abendlandes, einen gewissen Franz von Assisi, wird ihr ganz bang:
Auch der war – gewiß in der zweiten Hälfte seines Lebens – rein, aber wenn sie so darüber
nachdenkt, wo er sich herumgetrieben hat,
zweifelt sie an seiner Sauberkeit. Sind etwa Sauberkeit und Reinheit gar Gegensätze, und was
soll sie machen, wenn ihr Mann, dieser naive
Bankbeamte, eines Tages dahinterkommt, daß
sein Hemd nicht mehr den metaphysischen An-

sprüchen der Waschmittelreklame genügt? Hocken da etwa arbeitslos gewordene Theologen, sauber, aber unrein, oder rein, aber unsauber, als Werbetexter in der Anankastenindustrie? Frau Saubermann ist den Tränen ziemlich nahe. Sauberkeit ließe sich noch halbwegs nachprüfen, aber wer mißt Reinheit, wer stellt fest, wie nahe man diesem hehren Ziel ist, das einst nur Engeln vorbehalten war? 1975 (3/196f)

Schulen

Bunte Kindergärten

Die Schulen werden immer heller, die Lehrer immer gebildeter, die Großeltern aber – obwohl es mehr alte Leute gibt als früher – scheinen auszusterben. Kein Wunder, daß die Kinder zum Kino drängen und sich im Dunkeln Geschichten erzählen lassen. Wer hat noch nie den großen Seufzer der Erleichterung gehört, wenn bei Kindervorstellungen im Kino endlich das Licht ausgeht? Empörte Erwachsene wundern sich, wenn Kinder, was ihnen da vorgeflimmert wird, für authentisch halten. Kinder sind ständig auf der Flucht vor Uhr und Kalender: ahnungslos fliehen sie in die Zukunft hinein. Geschichte wird nur im Detail verstanden: Napoleons Hut (hat er den wirklich auf dem Kopf gehabt?) ist konkret. War das, was er getan hat, gut oder böse? Da gibt es für die Antwort keine sentimentalen Zwischenzonen: was nicht Ja oder Nein ist, ist verdächtig. Im Kino gibt es auch nur Gute oder Böse, bestenfalls als zulässige Zwischenstufe noch Bekehrte. Alles andere ist langweilig und verdächtig.

Wir Erwachsenen sind in einer verzweifelten Lage: wir wollen das Beste: düstere Schulen sind scheußlich, ungebildete Lehrer eine Plage, und warum sollten wir nicht alles tun, den Kindern zu helfen, ihren Platz in der Welt zu finden? Psychologie und Psychotherapie, Medikamente und Kuren, bunte Kindergärten, schöne Möbel: nur nicht sparen, wenn es um das Wohl der Kinder geht. Vielleicht fallen wir den Kindern nur lästig, erreichen nur, daß sie viel zu früh ihren Platz in der Welt finden, und züchten kleine Ungeheuer, die mit vier Jahren schon zu wissen glauben, daß Hans im Glück verrückt war, als er den Klumpen Gold gegen einen Schleifstein tauschte.   1959 (I/311)

»Jugendschutz«

Es ist eine vollkommen ver-rückte Situation, wenn der Westen, der sich als Erbe und Hüter christlicher Moral ausgibt, über die Prüderie des Ostens als ein Zeichen von dessen Unfreiheit lächelt und dann mitten im Getümmel der freien Marktwirtschaft gleichzeitig Jugendschutz praktizieren will. Diese so hämisch belächelte »Prüderie des Ostens«, diese Sauberkeit ist natürlich das Ergebnis von Säuberungen; Säuberungen derselben Art, wie sie den Jugendschutz-Kommissionen hier vorschwebt. Sie müßten eine heimliche Liebe zu den Ostblockstaaten nähren, und es bestünde kein Anlaß, über die zu lächeln, wenn sie nicht Jugendschutz und gleichzeitig freie Marktwirtschaft, freie Werbung usw. auf ihre Fahnen schreiben würden. Es ist peinlich genug, daß es ist, wie es ist: man macht hier von der Freiheit eben nur einen kleinbürgerlichen Gebrauch.

Die Wirklichkeit, in die unsere Kinder hineinwachsen, ist eine Werbe- und Erwerbswirklichkeit; die Werbung wirbt ihnen eine Wirklichkeit an, die sie nur durch Erwerb erwerben können. Reklame, das hat Chesterton vor einigen Jahrzehnten definiert, ist »die Bettelei der Reichen«. Diese Bettelei der Reichen ist oft sehr nah an und meistens nicht weit entfernt von Erpressung. Eine nur noch auf Verbrauch ein- und abgestellte Wirtschaft verbraucht am Ende auch den Verbraucher, der nur dann noch »Mensch sein« darf, wenn er sich als Verbraucher unterordnet; schließlich werden dann auch Tier und Natur – Gartenerde und Haushund etwa – nur, soweit sie auch Verbraucher sind, gelten gelassen.

Natürlich haben unsere Kinder auch Lehrer, sogar Eltern, es werden ihnen schöne Dinge beigebracht, aber die Reklame trichtert ihnen ein, daß sie diese schönen Dinge nur lernen, damit sie einmal Verbraucher werden, möglichst gute Verbraucher, was bedeutet: möglichst viel Geld verdienen. Ich weiß nicht, wie die Eltern und Lehrer mit dieser Werbe- und Erwerbswirklichkeit, der reinsten Inkarnation des Materialismus, fertig werden. Die Werbung ist frech, lasziv, obszön, allmächtig; es könnte einer auf die vertrackte Idee kommen, daß das Gegenteil von Planwirtschaft nicht unbedingt freie, sondern planlose Wirtschaft sein könnte. 1965 (2/134)

Der Vater aller Dinge

Als Junge hörte auch ich in der Schule den sportlichen Spruch, daß der Krieg der Vater aller Dinge sei; gleichzeitig hörte ich in Schule und Kirche, daß die Friedfertigen, die Sanftmütigen, die Gewaltlosen also, das Land der Verheißung besitzen würden. Bis an sein Lebensende wohl wird einer den mörderischen Widerspruch nicht los, der den einen den Himmel *und* die Erde, den anderen nur den Himmel verheißt, und das in einer Landschaft, in der auch Kirche Herrschaft begehrte, erlangte und ausübte, bis auf den heutigen Tag. 1972 (2/621f)

Lesebücher

Man sollte sie in den Lesebüchern unserer Kinder verewigen, die Unzähligen, die sich des ehrenwerten Delikts der Befehlsverweigerung schuldig gemacht haben, die gestorben sind, weil sie nicht morden und nicht zerstören wollten. Es wird, wenn das Wort Befehl vor Gericht steht, zu wenig von denen geredet, die Befehle *nicht* ausgeführt haben: Erschießungsbefehle, Sprengungsbefehle. Menschen wurden vor dem Tode gerettet, Städte und Brücken bewahrt: Das Inhumane darf sich auf Befehlsnotstand berufen, das Humane scheint suspekt zu sein, weil es vom Befehlsnotstand keinen Gebrauch machte. Man sollte sich mehr über die Lesebücher erregen, anstatt ein paar eingeschlagene Fensterscheiben zur Sensation werden zu lassen. 1964 (2/55f)

Unser gesamtes Bildungswesen steckt voll mehr oder weniger offener Arroganzen, die nicht personal-, sondern systembedingt sind. Arroganz der Universität gegenüber dem Gymnasium, des Gymnasiums gegenüber der Volksschule, und Arroganz der drei gegen die Realschule. In diesem System wird immer von oben nach unten Hochmut abgegeben und von unten nach oben Ressentiment weitergereicht.

Das alles geht auf Kosten der Schüler und Studenten, die dem typisch deutschen Akademikerstolz und dem typisch deutschen Nichtakademikerressentiment ihre Buße zu zahlen haben. Blind und je nach Milieu schutzlos, gerät der Volksschüler erst einmal in die Arroganzsphäre der höheren Schule, und hat er nach entsprechender Mühsal des Deutschen wahres Vaterland, das Abitur, dann in der Tasche, rennt er blind und je nach Milieu wiederum schutzlos ins Labyrinth der Universitäten.

Ein germanistisches Seminar mit 800 Teilnehmern ist nicht nur eine vollkommen sinnlose Bildungsveranstaltung, es ist nicht einmal als absurder akademischer Kindergarten funktionsfähig. Ein Gespräch über 25 Teilnehmer hinaus ist sinnlos, weil es zu einem peinlichen

Konzert monologischer Statements erstarrt, zu einer Abladegelegenheit für Ressentiments und Eitelkeiten wird. Sinnlose Proportionen zwischen Lehrerschaft und Studenten erzeugen eine Langeweile, die nur noch der Langeweile in Kasernen vergleichbar ist.

Der Volkszorn sollte sich nicht gegen die Studenten richten, sondern gegen ein System, in dem nicht die Kinder, sondern die Herren des Volkes ausgebildet werden.

Vielleicht sollten jene empörten Arbeiter und Angestellten, sollte Herr Jedermann sich einmal aufmachen und sich mit eigenen Augen davon überzeugen, welche ernsthafte Arbeit Studieren bedeutet und unter welchen Um- und Zuständen jene arbeiten, ohne die es in den nächsten Generationen weder klassische noch technische, keine naturwissenschaftlichen und keine medizinisch »Gebildeten« mehr geben wird.

Das Dilemma der agitierenden Studenten, die so dringend und nicht zufällig nach Kontakt mit der Arbeiterschaft verlangen, liegt zum Teil in der Tatsache, daß sie mit einem arroganten Vokabularium die Abschaffung der Arroganz propagieren; daß sie, ohne es zu wissen, Zerrbilder des »Professoralen« sind; von einem System geprägt sind, das sie bekämpfen.

Gewisse modisch gewordene Soziologievokabeln wirken aus zweiter Hand schon fad, aus fünfter Hand wirken sie lächerlich; man muß sich schon die Mühe geben, sich jenem Volk, dessen Zorn auf einen gelenkt wird, verständlich zu machen.

Die Universität ist schließlich nur ein Modell unseres Gesellschaftssystems, ein auf extreme Weise überfälliges. Die Arroganzstruktur von oben nach unten und die Ressentimentsstruktur von unten nach oben, sie gelten auch für andere Partien unserer Gesellschaft, die alle hierarchisch sind.

Es wäre Sache der Studenten, sich verständlich zu machen; sich der Demolierungen zu enthalten, weil sie vollkommen sinnlos sind und fast schon Formen des guten alten, bürgerlichen Studentenulks annehmen; es ist sinnlos, ein Institut zu besetzen, wenn man weiß, daß man es nicht halten und von dort aus nicht wirklich die Macht ergreifen kann; das mag als symbolischer Akt einen gewissen Sinn haben, aber Politik mit symbolischen Akten – die machen ja die bürgerlichen Parteien.

Das Volk wird immer im falschen Augenblick und am falschen Gegenstand zornig: Man hat in den Kriegsjahren so wenig vom Volkszorn gespürt. Welch ein Aspekt, wenn das Volk

am richtigen Gegenstand und im richtigen Augenblick einmal zornig würde: über ein veralte-
tes System, in dem nicht seine Kinder gebildet,
sondern seine Herren gezüchtet werden.   1969
(2/355ff)

Ist die klassische Theologie
am Ende?

Ist sie nicht mehr und mehr ein Spiel unter Eingeweihten, die sich in Windungen und Gewun-
denheiten ergehen, vernarrt in und festgebissen
an einen Fachjargon, eine Gruppe von Illusio-
nären, die es als Sensation empfinden, wenn der
Vatikan ihnen gnädigst erlaubt, die Frage zu
diskutieren, ob Laien eventuell in der Kirche
predigen dürfen. Spürt man nicht, wie absurd
das ist, wie lächerlich, relativ banaler noch als
die Nüchternheit vor der Kommunion? Immerhin war ja irgendwann am Anfang mal das
Wort, und man könnte als Schlußsatz ans Ende
der klassischen Theologie vielleicht den Satz
setzen: »Und das Wort ist verlorengegan-
gen.«   1973 (3/31)

Zu spät werden die großen etablierten Kirchen
erkennen, daß nicht etwas vergleichsweise so
Harmloses wie eine Reformation im Gange ist,
eher eine fortschreitende Explosion des für
ewigkeitsbeständig gehaltenen Atoms »Gehorsam«. Zu spät werden sich Kirchen und Adel
von ihren immensen Besitztümern, von ihren

Schatzkammern, den peinlich-pompösen Klamotten trennen, die sie sich immer noch umhängen; zu spät werden sie erkennen, daß der Himmel den Naturwissenschaften gehört, daß die Techniker dort oben in der offensichtlich öden Unendlichkeit des Weltalls die Erde wie ein Juwel sehen und möglicherweise, ohne es zu ahnen, in der Erde jenen mit »Saphiren bedeckten Boden« des Himmels erkennen, der im Alten Testament erwähnt wird.

Einen Aspekt der westlichen Welt, den immensen Besitz der Kirchen und ihren noch bestehenden Einfluß aufs sozialpolitische Geschehen, hat Sacharow *[Wie ich mir die Zukunft vorstelle]* nicht berührt, wohl, weil dieser Aspekt in seiner Welt keine Realität hat und er sich auf Informationen aus zweiter oder dritter Hand nicht verlassen mag; wahrscheinlich aus Höflichkeit und Ehrfurcht, die wir, die wir in dieser westlichen Welt leben, nicht zu übernehmen brauchen. Es ist höchste Zeit, wenn nicht zu spät, daß die Kirchen sich von ihrem Himmelsidealismus ab- und der Erde, diesem verruchten und verfluchten saphirblauen Juwel, zuwenden und den Materialien der aus Erde Gemachten. Es geht nicht ums »Ankommen«, es geht um die Ankunft. Computer schlucken Zahlen und Daten, Merkmale und Gewohnheiten, sie schlucken Löhne und Gewinne, schreiben Rechnungen, und es mag schon sein, daß sie eines Tages Bücher schreiben und Bilder malen, doch alles, was aus ihnen herauskommt, ist im wahren Sinn des Wortes und konsequenterweise demoralisiert, was bedeutet dehumanisiert. Es bleibt da noch genug aufzuarbeiten, was nicht Sache der Wissenschaftler und der Computer ist; es fehlt nicht die neue Offenbarung, es fehlt die Zersetzung der Materie Statistik durch das Licht und die Zersetzung allzu »einleuchtender« Computerergebnisse durch die Dunkelheit des verborgenen Schmerzes, der nirgendwo »ankommt«.

Ein ganzer Katalog von Zersetzungsaufgaben, den die Literatur allein nicht übernehmen kann, wartet der »am Himmel« arbeitslos gewordenen Theologen: die Zersetzung der von Computern diktierten Kleiderlehre, der Geldlehre, der Arbeitslehre, der Lehre von der Geschlechtlichkeit des Menschen und seiner Wohnung auf dieser Erde. Den Kern von Vernunft in der Ekstase der Jugend zu erkennen, der Vernunft, die es erfordert, daß – milde ausgedrückt – bald »eine Veränderung der Besitzverhältnisse« stattfindet, die bisher geltende Lehre vom Besitz zersetzt wird.   1969 (2/352f)

»Das gesunde Volksempfinden«

Keine politische Gruppierung, wie immer sie sich definieren mag, sollte auch nur den geringsten Zweifel mehr lassen, daß die kaltblütig geplante Ermordung und Entführung von Mitbürgern nicht nur »kein Mittel im politischen Kampf« ist; Zwei- oder Vieldeutigkeiten sind nicht mehr am Platz, es ist nicht die Zeit für Frivolitäten oder Zynismus, und wer da »klammheimliche Freude« empfindet, sollte wissen, daß er eine Bombe in sich birgt; und ich setze diese heimliche Freude nicht nur bei einigen voraus, die sich »links« definieren, auch bei den anderen. Heimliche Trauer ist angebracht – demonstrative Trauer hat immer etwas Peinliches.

Wir alle, alle wissen: Es ist der Segen und das Kreuz des Rechtsstaates, daß er auch die rechtmäßig behandeln muß, die sich gegen das Recht vergangen, das Gesetz gebrochen haben, ob als Mörder oder Diebe, als Entführer oder Betrüger. Das Recht steht über Stimmungen, Volksmeinungen, Umfragen, Statistiken, es steht über Schlagzeilendemagogie und tagespolitischer Spekulation. Das »gesunde Volksempfinden« hat sich in der Geschichte meistens als krank erwiesen, und nicht nur im Lande der häßlichen Deutschen. Wenn es – außer ihrem erklärten Ziel – das Ziel der Terroristen ist, innenpolitische Konfrontation zu schaffen, so sind sie auf dem besten Wege, dieses Ziel zu erreichen. Es geht hier nicht um polizeitechnische, kriminalistische Maßnahmen, es geht um eine Welle von Verdächtigungen, die hochschwappen kann, hochgepeitscht bis in die Wahlkämpfe hineinschlagen wird; im »gesunden Volksempfinden«, diesem unermeßlichen Reservoir, verbergen sich viele Wählerstimmen. Und es gibt natürlich nicht nur solche, die begehrlich Stimmung machen, auch solche, die sich als Märtyrer dieser Stimmung ihre Rolle wünschen.

Wir sollten aus unserer Geschichte wissen, daß der Gegensatz Verbrecher – Idealist keiner ist. Ich weiß nicht, wie viele, wahrscheinlich Hunderttausende, aus Idealismus Nazis geworden sind; sie sind nicht alle Verbrecher geworden, und es sind nicht alle Verbrecher, die in der Naziwelle mitschwammen, Idealisten gewesen; es gibt da Mischungen, Übergänge, und es gibt – nicht nur in den Ländern, wo die häßlichen Deutschen wohnen – krude Formen des

Materialismus, die einen jungen Menschen zum Idealisten machen können, ohne daß er ins Verbrecherische absinken muß. So einfach jedenfalls ist die Alternative nicht; es hat keinen Sinn, die geistige Auseinandersetzung auf diesem Niveau zu beginnen. Wenn alle, aber auch alle Vorschläge zur Behebung der Arbeitslosigkeit in einer Aufforderung zum Konsum bestehen (irgendeiner sprach sogar vom »fröhlichen Konsumieren«), wird es immer mehr »Idealisten« geben; ob sie irregeleitet werden, hängt von uns ab, von uns allen, ganz gleich, wie wir uns definieren, und es wäre nicht nur bedauerlich, es wäre verhängnisvoll, wenn sich »linke« und »rechte« Festungen bildeten. 1977 (3/459ff)

Die nackte Wahrheit

Zu den schrecklichsten Menschen zähle ich die, die immer Wahrheiten sagen, meistens unangenehme, manchmal vernichtende Wahrheiten, die fast immer unumstößliche Fakten sind; es ist dann die nackte, die ungeschminkte Wahrheit – und doch auf eine Weise verlogen, die nicht nachweisbar ist. Diese Menschen sind keine Lügner, sie sind Wahrheitenverbreiter mit richtender Funktion. Sie sagen die Wahrheit und sind doch Verleumder. Ohne erkennbaren Sinn, außerhalb jeden Zusammenhangs, aus heiterem Himmel gesagt, kann ein unumstößlicher Fakt schlimmer wirken als eine Lüge. Menschen dieser Art würden etwa auf einem Empfang zu jemandem gehen und ihm sagen: »Sie wissen doch sicher, daß Ihre Frau Sie mit dem Sowieso betrogen hat«, und eine solche Wahrheit kann eine Ehe vernichten, einen Selbstmord verursachen, eine Katastrophe bewirken.

Die Frage ist, wer ein *Recht* auf die Wahrheit hat und wer berechtigt ist, sie zu sagen. Das biblische Gebot: »Du sollst nicht falsch Zeugnis geben wider Deinen Nächsten« gilt für die Aussage vor Gericht und nicht für irgendwelche selbsternannten Sittenrichter. Es ist eine der klügsten Bestimmungen des jüdischen Gesetzes, daß derjenige, der die Anklage erhoben oder die Anzeige erstattet hatte, nach der Überführung des Angeklagten als erster mit der Vollstreckung des Todesurteils beginnen mußte, er mußte »den ersten Stein werfen«. Es spricht für die Menschlichkeit dieser Bestimmung, daß ihretwegen so wenige Todesurteile wirklich ausgeführt wurden. »Wer ohne Sünde ist, werfe den ersten Stein.« Man darf sich also jeden, der für irgendeine Form der Todesstrafe eintritt, als Henker vorstellen. 1975 (3/184f)

Zeitgenossen

Konrad Adenauer

Ich weiß nicht, ob die Hirten und Oberhirten
der verschiedenen Konfessionen noch an ethi-
schen Fragen interessiert sind, aber sein könnte
es ja, und dann könnte der Fall eintreten, daß
Konrad Adenauers Erstling [*Erinnerungen
1945-1953*] in die Kategorie der jugendgefähr-
denden Schriften eingereiht würde. Es sei denn,
eine solche Einübung in Materialismus, Op-
portunismus, Pragmatismus und Zynismus
werde der Jugend sogar zur moralischen Aufrü-
stung empfohlen, denn natürlich rollen da im
trägen Fluß dieser nicht etwa trockenen, sondern ganz und gar vertrockneten, armseligen
Prosa Vokabeln mit wie »christlich-abendlän-
disch« und »christliche Ideale«; versuchte aber
ein jugendlicher Leser herauszubekommen,
worin denn dieses »christliche Abendland«,
woraus diese »christlichen Ideale« bestehen, er
würde nicht viel mehr finden als: Privatbesitz,
eine starke Armee, jenen zu verteidigen, und:
nicht nur nicht Kommunist, sondern auch kein

Sozialist zu sein. Mag sein, daß manchem diese Magermilch der frommen Denkungsart genügt. 1965 (2/178)

Sinn fürs Politisch-Pragmatische und für die Materialisierung ethisch angekränkelter Probleme hat er schon. Kein Zweifel ist möglich: er war ein verflucht unbequemer Verhandlungspartner für die West-Alliierten, er wußte deren Angst vor Stalin geschickt zu nutzen, und außerdem war ihre Angst auch seine. Er hatte bei den harten Verhandlungen nicht nur kein schlechtes, sondern, wenn er es für richtig hielt, gar kein Gewissen, zum Beispiel wenn er McCloy und François-Poncet schon 1950 die Frage, ob denn wohl westdeutsche Polizisten gegen ostdeutsche kämpfen würden, »aus voller Überzeugung mit einem ›Ja‹« beantwortete. Das war die vorweggenommene Verwandlung des Kriegszustands in den Bürgerkriegszustand, und darin liegt, materialistisch gesehen, eine verfluchte Logik.

Dem Deutschland, das sich nie zwischen Ost und West entscheiden konnte, ist durch die Teilung diese Entscheidung abgenommen worden. Stellt sich einer die inzwischen hochgerüstete Volksarmee neben der inzwischen hochgerüsteten Bundeswehr vor, dann sollte er sich, bevor er das Wort »Wiedervereinigung« ausspricht, erst einmal vorstellen, wer diese beiden Armeen je wieder abrüsten soll, und wer sie gar »wiedervereinigen« möchte. Das ist doch der zur Dauer erhobene Bürgerkriegswaffenstillstand für ein Land, dem auch die Entscheidung zwischen Kapitalismus und Sozialismus abgenommen wurde. Entdeckt einer dieses Adenauersche, »aus voller Überzeugung« ausgesprochene »Ja«, dann wird er wohl wissen, wie schön es ist, Soldat zu sein, noch schöner: ein deutscher Soldat zu sein; am allerschönsten: überhaupt ein Deutscher zu sein.   1965 (2/178ff)

Es ist viel von Adenauers Menschenverachtung gesprochen, und von gar manchem ist sie als ein Kompositum seiner Größe angesehen worden. Aber große Menschen haben immer nur die verachtet, die *über*, niemals die, die *unter* ihnen standen. Wer's wie Adenauer zu machen versucht, trägt zur Nihilisierung der Demokratie bei.   (2/182)

Kein Zweifel ist möglich: Adenauer nahm seine Stunde wahr; er bewies Mut, etwa in seiner Berner Rede, er bewies Hartnäckigkeit, er hatte weder vor Churchill noch vor Dulles, nicht vor

Schuman noch vor den Hochkommissaren Angst, und er hatte nicht die geringsten Komplexe. Sie zwangen ihm nicht ihre Konzeption auf, diese entsprach genau der seinigen, es war die Konzeption alter Konservativer, und so war Adenauer ihr Mann. Er nutzte, wie es eines Politikers Recht ist, jede Situation, ließ sich die Angst vor Stalin teuer bezahlen, bekam das Saargebiet »geschenkt«; er handelte die unpopuläre Wiederaufrüstung, die auch er wollte, gegen die große Freiheit für die Großindustrie ein; immer zwei Fliegen mit einer Klappe. Er bekam die Kriegsverbrecher frei, und er wurde mitschuldig an der moralischen Fäulnis, die alles zu befallen droht, was in diesem Land offiziell unter »Bewältigung der Vergangenheit« läuft.

Was ich am allerwenigsten begreife: daß je irgendeiner irgend etwas an Adenauers Gedanken »christlich« finden und als solches empfehlen konnte. Ich begreife es nicht, und das mag an mir liegen. Mag sein, das Christentum hat eine bürgerliche Variante, die ich nie begriffen habe, obwohl ich ringsum keine andere als diese Variante erblicke. Es mag sogar sein, daß wir uns noch nach Adenauer sehnen werden. Er ist ein Autokrat, er konnte es sich leisten, manchmal gnädig zu sein. Die Nachdrängenden würden nicht nur ungnädig, sie würden gnadenlos sein.   1965 (2/182ff)

Alfred Andersch

Angesichts der dräuenden Remilitarisierung ist eine schwüle Stille entstanden um jene Bücher der seit 1945 Schreibenden, die sich eindeutig gegen den Krieg entschieden haben, während die milde Kriegsliteratur der Romantiker, die Memoiren der Generale heftig begehrt werden und der Wüstenfuchs im Sturm »die Herzen erobert hat«. Es müßte einmal besonders untersucht werden, warum das Antikriegsbuch in Deutschland so wenig Chancen hat, während der gemäßigte Bericht so begehrt ist.

Alfred Andersch schrieb seinen Bericht *Die Kirschen der Freiheit* mit erfrischender, sehr wohltuender Offenheit, er schrieb ihn als einer, der nicht mit dem Faustschlag des Datums vom 8. Mai 1945 zur Besinnung kam und nachzudenken begann, sondern sich den schwermütigen Luxus des Nachdenkens von 1933 an erhalten hatte. Er berichtet über seine Jugend, die symptomatisch ist für die Generation, der er angehört: Wirtschaftliche Depression, Auflösung bürgerlicher Lebensumstände und Begriffe. Folgerichtig wurde er Kommunist, mit der gleichen Folgerichtigkeit, mit der er es heute nicht mehr ist. Er war einer der ersten Insassen des KZ Dachau, als Achtzehnjähriger, wurde wieder entlassen, als seine Mutter – die nationalen Verdienste seines Vaters ausspielend – intervenierte, und entzog sich der stumpfsinnigen Mechanerie des Dritten Reiches, indem er in die Literatur emigrierte. Dem Mechanismus des Militärs konnte er sich nicht entziehen, aber er geriet *denkend* in ihn hinein und entzog sich ihm denkend, wohl wissend, daß mehr Mut zur Desertion gehörte als zum blinden Gehorsam. Sein ganzer Bericht zielt auf jenen Augenblick der Freiheit hin, der ihn am 6. Juni 1944 seinen »privaten 20. Juli« vollziehen, ihn die Kirschen der Freiheit pflücken ließ, die »frisch und herb schmeckten«.

Den landläufigen Begriffen »Angst« und »Eid« und »Kameraden« widmet Andersch je ein besonderes Kapitel, in seinem kühlen Stil operiert er ihnen sauber und genau ihre phrasenhaften Auswüchse weg, reduziert sie auf ihren wirklichen Gehalt, und er entdeckt, daß sie Fiktionen sind, mit viel propagandistischen Phrasen geimpfte Fiktionen, die wie düstere Luftballone über den Köpfen derer schweben, die nicht den Mut haben, jenen winzigen Nadelstich zu tun, der beweisen würde, daß sie nichts enthalten. Anderschs Buch *Die Kirschen der Freiheit* ist für jeden, der das Denken nach 1933 nicht vergaß, eine Wohltat – es ist der Trompetenstoß, der in die schwüle Stille fährt und die Gewitter zur Entladung zwingt. 1952 (1/66f)

Ingeborg Bachmann

Man hat, wie es zur Grausamkeit der literarischen Szene zu gehören scheint, ohnehin den Schmerz und die ebenso hohe Abstraktheit wie Sinnlichkeit ihrer Poesie zu sehr literarisiert. Man hat aus der Anrufung den Ruf, der zum Schrei wurde, nicht hören wollen, man hat Ingeborg Bachmann selbst zu Literatur gemacht, zu einem Bild, einem Mythos, verloren in und an Rom, diese österreichische Protestantin, die als Mädchen auszog, die höchsten intellektuellen Abenteuer zu suchen, sie bestand und dann anfing, den Großen Bären und die Heiligen Leonhard, Antonius, Vitus, Rochus anzurufen (»weil du gelitten hast«).

Daß in der Ikonisierung einer lebenden Person eine schrittweise Tötung versteckt sein kann, müßte gerade an ihr deutlich werden. Ich mag die Art ihres Todes nicht symbolisieren, mythologisieren oder gar eine metaphysische Schleife draus winden. War Ingeborg Bachmann nicht gefangen in dem Bild, das andere sich und andere aus ihr gemacht haben? Ich weiß nur, daß sie immer beides war: immer da und immer abwesend; da, wenn einer sie brauchte.

Denn sie war eine Dichterin und damit beides: engagiert – und das andere. Und sie war beides ganz: mit leiser Stimme und doch voller Energie, wie wenn sie Gedichte vorlas. Hinter ihrer habituellen Nervosität, einer Art ständiger Gebrochenheit, die immer den Zustand »kurz vor dem Zusammenbruch« signalisierte, verbargen sich Zähigkeit, Kraft, auch Direktheit, die spontan zu Freundschaft und Hilfsbereitschaft wurde, und sie selbst hat am wenigsten irgend etwas »literarisiert«, wenn ihr auch manches unglückselig geriet oder ausging. Wie jeder andere Mensch war auch sie auf Glück und Heil aus, nicht auf Unglück und Unheil, wie es ihr reichlich zuteil wurde.   1973 (3/62)

Willy Brandt

Wenn mir einmal vier oder fünf Monate Zeit (mit der dazugehörigen Ruhe) in den Schoß fallen, würde ich gerne einen längeren biographischen Essay über Willy Brandt schreiben. Nicht indiskret, doch neugierig würde ich gern auf meine Weise erforschen: Lübeck um 1913, Straße, Milieu, in denen Willy Brandt aufwuchs, die Schulen, die er besuchte und absolvierte; ich möchte herauszufinden versuchen, was es bedeutet haben kann und muß, in einer so respektablen norddeutschen Stadt im Jahr 1913 das gewesen zu sein, was man eine uneheliche Mutter zu nennen beliebte. Welche Verletztheit und Verletzlichkeit da vor- und mitgegeben wird von jener Ehrbarkeit bürgerlicher Provenienz, die spätestens seit den *Buddenbrooks* in ihrer verlogenen Brüchigkeit beschrieben wurde. Und wie erstaunlich wenig haben sich Willy Brandts Verletztheit und Verletzlichkeit je in Aggression geäußert. Offenbar verletzt der Verletzliche nicht gern, und das macht ihn den sporenklirrenden, gelegentlich die Peitsche schwingenden Herren von der Herrenpartei so verdächtig.

In Willy Brandts Lebenslauf liegt Stoff für eine Legende, fast für ein Märchen, das wahr wurde. Nicht der legitime Aggressionskatholik aus München wurde Bundeskanzler, sondern der illegitime Herbert Frahm aus Lübeck, der diesen von der bürgerlichen Gesellschaft mitgegebenen Urmakel, diese Idioten-Erbsünde auch noch verstärkte, indem er Sozialist und außerdem noch Emigrant wurde. Und er wurde Bundeskanzler nicht mit legalistischen Tricks, sondern legal.

Was für Willy Brandt spricht: Er ist der erste deutsche Kanzler, der aus der Herrenvolktradition herausführt; natürlich ist er (und das fast zu sehr), mißt man seine Höflichkeit, seine Geduld, seine Treue und Fairneß am bürgerlichen Ideal des »Herren«, ein solcher, während, an diesem bürgerlichen Ideal gemessen, die Herren Adenauer, Wörner, Marx keine sind oder waren; und doch ist Willy Brandt kein Herrenvolkkanzler, und er ist kein Herr und Herrscher, der mit den Sporen klirrt und die Peitsche gelegentlich blicken läßt. Ich glaube, das ist noch nicht begriffen worden, und er selbst mag manchmal nicht begreifen, woher diese wütende, haßgetränkte Abneigung gegen ihn kommen mag; nicht nur, daß er ein »Sozi« ist, nein, er ist auch kein »Herr« und »Herrscher«.
Willy Brandt steht am Anfang einer kurven-

reichen Strecke, die noch lange nicht genommen ist: Die Untertanen des ehemaligen Herrenvolks sind sich noch nicht klar darüber, ob sie wieder Herren haben und sein möchten, oder ob sie sich selbst, dem Volk, nicht wenigstens ein wenig Herrschaft zutrauen können. 1972 (2/535ff)

Ernesto Che Guevara

»Gegen 17 Uhr tauchte der Militärlastwagen von gestern mit zwei Soldaten, die in Decken eingewickelt hinter dem Fahrersitz lagen, wieder auf. Ich fand nicht den Mut, auf sie zu schießen, schaltete auch nicht schnell genug, sie anzuhalten. Wir ließen sie durch.« [*Bolivianisches Tagebuch*]

Ich will diesen erstaunlichen Menschen Guevara nicht zu einem Pazifisten interpretieren, ich will ihn nicht in seiner Natur und in seinem Ziel an mich oder an Sie verraten. Ich erlaube mir nur, diesen Satz als einen brüderlichen zu interpretieren, geschrieben von einem Befehlshaber eines revolutionären Kommandos. Ich frage mich natürlich, ob die jungen Leute, die Guevaras Bild vor sich hertragen, auch diesen Satz kennen, diesen Augenblick des Zögerns und der Nachdenklichkeit inmitten einer Aktion, die er selbst leitete, eine Nachdenklichkeit, die denen galt, in denen er wohl seine Brüder erkannte.

Die Herren zögern nie, Schieß- und Prügelbefehle zu erteilen – getroffen werden sie nur selten. Es tötet einer wohl immer seinen Bruder. Nach Beendigung der Feindseligkeiten behandeln sich Herren und Befehlshaber gewöhnlich mit ausgesuchter Höflichkeit.

Ich empfehle also Che Guevaras Satz nicht nur denen, die sich zu ihm bekennen, viel mehr noch empfehle ich ihn jenen, die in Polizei- und Militärkasernen ausgebildet werden, Herrschaft zu schützen. Und ich empfehle ihn allen regulären und irregulären Bombenlegern und Bomberpiloten, die blindlings töten.

Es ist nicht immer Abel, der Unschuldige, der da getötet wird, aber sobald er tot da liegt oder da hängt, bekommt er Abels Gesicht – und wäre er der Schlimmste aller Verbrecher oder Kriegsverbrecher.

Auch allen Henkern und den Gehorsamen, die nur Befehle – notwendige natürlich – zu vollstrecken glauben, empfehle ich diesen wunderbaren Satz: »Ich fand nicht den Mut, auf sie zu schießen.« Ich empfehle ihn auch Ismael und Israel, den beiden Brüdern, die seit Tausenden von Jahren im Streit liegen. Und eine Prämie würde ich persönlich jedem Polizeibeamten zahlen, der vor einem deutschen Gericht aussagen würde: Ich fand nicht den Mut, sie niederzuknüppeln, sie niederzureiten, sie in die Fresse und über den Kopf zu schlagen, ich fand nicht den Mut, den Wasserwerfer auf die zu richten, die gegen jenen Herrn und Herrscher fast aller Meinungen demonstrierten, der erst nach der dritten Aufforderung es für notwendig hielt, vor einem deutschen Gericht zu erscheinen und für sein Nichterscheinen mit einer Strafe belegt wurde, die ihn kaum so hart treffen dürfte wie mich oder den Polizeibeamten der Verlust einer Schachtel Zündhölzer. Eine Prämie für jeden Polizeibeamten, der den Mut nicht findet. 1970 (2/469f)

Ernst Jünger

Ich ziehe den subtilen Jäger und Kriegsbuchautor Ernst Jünger dem Erzähler vor. Das Symbolisch-Lehrhafte, mit dem etwas demonstriert werden soll, ist mir auch bei Bert Brecht weniger zugänglich als seine Gedichte. Am Erzähler Jünger fällt mir auf, daß er – als Erzähler, nicht als Person! – so selten mit Frauen umgehen

kann; es kommt da manchmal etwas peinlich
»Kasinohaftes« hinein.

Was mich an Ernst Jünger in Erstaunen versetzt, ist die (möglicherweise nur scheinbare)
Unberührtheit. In manchen langen und offenen
Gesprächen mit den jungen Leutnants während
des Krieges ist mir klargeworden, welche Bedeutung Ernst Jünger für eine, wahrscheinlich
für zwei Generationen von Offizieren gehabt
hat. Er war ihr Prophet, er war ihr Magier, er
war ihr Meister vom Stuhl, und ich hatte – gerade weil mir ihre Denkweise und ihre Existenz
so fremd waren – viel Sympathie, die manchmal nahe an Freundschaft herankam, für diese
Todeskandidaten.

Das meiste an Ernst Jüngers Werk ist mir
fremd geblieben: das Zelebrative, Weihevolle,
Eingeweihte. Als mich neulich jemand, wohl
provokativ, fragte, was ich denn mit Ernst Jünger gemeinsam haben könnte, fielen mir einige
(zunächst bloß statistisch) gemeinsame Merkmale ein: Wir sind beide Deutsche, beide deutsche Autoren, wir haben beide am Zweiten
Weltkrieg teilgenommen, wir lesen – wie ich,
was Ernst Jünger betrifft, den *Strahlungen* ent-
nahm – beide regelmäßig die Bibel, und – etwas
für einen Zivilisten wie mich absurd Lächerli-
ches, für einen Soldaten aber Wichtiges – sogar

die Waffengattung haben wir gemeinsam gehabt, und es gibt da »Begegnungen«, die ich in den *Strahlungen* entdeckte: als junger Soldat, der sich, wann immer er konnte, Dienstreisen nach Paris erschlich, kaufte ich die mir noch unbekannten Werke und Tagebücher von Léon Bloy, die ich mir in Cafés und Wartesälen entzifferte – zur gleichen Zeit, als auch Ernst Jünger in Paris Bloy las.   1975 (3/228f)

Ludwig Marcuse

Ludwig Marcuse kam im Jahr 1949 zum erstenmal in die Bundesrepublik, über Paris, Zürich näherte er sich – wie mir scheint – zögernd jenem Land, in dem wir damals ahnungslos lebten. Er geriet auf eine hektisch-konfuse kulturelle Szenerie; nicht mißtrauisch, aber skeptisch beschreibt er sie. Im Jahr 1962 kehrte er endgültig zurück, wohnte bis zu seinem Tode im Jahre 1971 hier, und da er streit*bar* – man verwechselt das auf unserer zahmen Szene leicht mit streitsüchtig –, belebte er in Diskussionen, Vorträgen, Artikeln, mit seinen Büchern und mit seinen Briefen die festgefahrene literarische Szene. Er war keiner Gruppe, keiner Clique zugehörig, war nie als Claqueur zu mißbrauchen. Dieser intensiv gläubige Ungläubige, der sich selbst als ›bejahrten Philosophiestudenten‹ bezeichnete, vollzog immer wieder in seiner Philosophie, in seinen Artikeln und Büchern etwas, was man Kulturrevolution am eigenen Leib nennen könnte, und so blieb er auf die einzig mögliche Weise jung: indem er sich über sein Alter nichts vormachte; er war bereit, und beweist es in seinen Briefen, sich selbst immer wieder zu überprüfen, an sich selbst die Zeit, in der er lebte; und so ist denn auch sein wichtigstes Kennzeichen leidenschaftliche Zeitgenossenschaft. Gewiß hat er sich wie alle leidenschaftlichen Zeitgenossen nie Gedanken darüber gemacht, was von ihm ›überleben‹ würde, und gerade deshalb wohl wird seine Frische und auch seine gelegentliche Frechheit Dauer haben, und nicht nur das: auch manche seiner Mitteilungen: etwa die über die Umstände, unter denen Ernst Toller starb; der einmalig liebenswürdig-ironische Brief, in dem er Alma Mahler-Werfels Materialismus-Mißverständnis zurechtzurücken sucht. Ludwig Marcuse war nicht nur ein großartiger Briefschreiber, er war – und das eine ist die Ergänzung des anderen – auch ein glücklicher Briefempfänger: offenbar spürten alle, die ihm schrieben, auch wenn er sie nicht schonte oder geschont hatte, seine Herzlichkeit hindurch. In seiner Existenz gab es diese Trennung zwischen Emotion und Erkenntnis nicht; nicht die neutrale oder neutralistische Vorsicht, mit der man Freundschaft verweigern kann.   1975 (3/249f)

Carson McCullers

Schwierig genug ist es, sich mit den Launen des Publikums und der Kritiker zurechtzufinden, wenn man bedenkt, daß zwei Romane von Carson McCullers schon seit drei Jahren in Deutschland greifbar sind und doch die Verfasserin nur einem kleinen Kreis bekannt wurde: freilich ist sie weder so eindeutig romantisch wie Truman Capote noch so eindeutig naturalistisch wie Mailer, und nicht einmal das Adjektiv realistisch würde ihre Eigenart kennzeichnen: es herrscht ein merkwürdig stiller und doch harter Zauber in ihrem Werk, der Stimmung vergleichbar, wie wir sie aus Sartres *Les jeux sont faits* kennen, jene winzige und doch so wesentliche Distanz, ein grauer, dünner Schleier, der mich zögernd nur das Wort Wirklichkeit anwenden läßt; die Nebelschicht vor einem melancholischen Auge. Über die überraschende Sicherheit des Stils, des Aufbaus, der

Komposition ließe sich vieles sagen – über die meisterhafte Sicherheit, mit der die Zweiundzwanzigjährige ihren ersten Roman: *Das Herz ist ein einsamer Jäger* schrieb – wie sie die ganze komplizierte Trigonometrie eines dreizehnjährigen Mädchenherzens ohne lange Abhandlungen klar macht, indem sie erzählt, wie Mick an die Wände eines Hauses schreibt: »Edison-Dick Tracy-Mussolini-Motsart-« und dann ein häßliches Slangwort für das weibliche Genital; wie sich an ihrem Werk erweist, daß die hohe Meisterschaft des Erzählens in der Vollendung der Gestalten besteht, nicht in ungeheuren Ereignissen, sondern an denen, mit und an denen sich etwas ereignet; was, ist fast gleichgültig.

Kein einziger Ton, keine Silbe wird hier platt, nicht das winzige Detail, oder mit dem naturalistischen Holzhammer erzählt, und ebensowenig wird an den Dingen vorbeigeredet: die härtesten und heikelsten sind da: ein paar Tupfer, zwei Silben eines Dialogs, der einfach stimmt – und da ist die ganze Wirklichkeit der Carson McCullers, eine originale Wirklichkeit, ein Platz auf der Peripherie unzähliger schriftstellerischer Möglichkeiten, der McCullers heißt und die Verfasserin als eine echte Schriftstellerin ausweist. 1952 (1/26f)

Karl Rahner und Hans Küng

Gewiß wird schon kein Autor oder Intellektueller aus meiner Altersgruppe, der noch aus dem Milieu stammt, sich um irgendwelche Drohungen kümmern, kaum noch verärgert sein über die verschiedenen Kochstellen, wo das Milieu nach wie vor vor sich hinkotzt, Gift in Süppchen tut, sein merkwürdiges Gebräu brodeln läßt. Der Autor von 1995 wird, falls er das Evangelium wenigstens noch im Ohr hat, dann feststellen können: »Seht, wie sie einander geliebt haben!«

Gewiß meint Karl Rahner in seinem *Strukturwandel der Kirche* als Aufgabe und Chance nicht diese Suppenköche, wenn er von der »kleinen Herde« spricht, aber werden nicht immer noch sie es sein, die der kleinen Herde, die Rahner im Auge haben könnte, die öffentliche Artikulation zubereiten? Gewiß gibt es Millionen von Katholiken, für die Rahners kleines und mutiges Buch wichtig ist, aber steht da nicht zwischen ihm und denen, für die all das lebenswichtig ist (denn der weitaus größte Teil der Menschheit besteht ja nicht aus »Autoren«, die sich frei machen und für frei halten können) – diese fürchterliche katholische öffentliche Repräsentanz?

Ich schreibe dies hier nicht nur für mich, sondern als Hommage für Karl Rahner, für ihn und viele, die ich kenne und an die ich mich erinnere; was im *Strukturwandel* gesagt wird, ist wichtig für viele Menschen, die Frage wäre nur, wie kann man Strukturwandel gegen die verhärtete und uneinsichtige Struktur vollziehen? Als ich auf dem Fernsehschirm Karl Rahner in Würzburg mit bewegter Stimme seine Sache vortragen sah (nicht nur ihn, auch andere, bewegt, engagiert) vor diesem Tribunal, vor dieser Vorstandsbank, auf der etliche Klötze saßen (episkopale und Laien), wurde mir bange um ihn. Das mag herablassend klingen, ich bitte um Verzeihung, gemeint ist es nicht so. Ich versuche nur, mir vorzustellen, daß es für einen Theologen seiner Herkunft, seiner Entwicklung und – da dies eine Geburtstagshommage ist, darf's wohl erwähnt werden – seines Alters ein anderes Problem ist als etwa für Hans Küng, um den mir merkwürdigerweise nicht bange ist. Sollte irgendein Bischof von Rom oder Rottenburg auf die selbstmörderische Idee kommen, Küng zu exkommunizieren, so wird zwar die übliche Denunziationswelle (gierig von den jederzeit bereiten Milieu-Suppenköchen aufgenommen) sofort in Marsch gesetzt werden (*Private* Denunziation versteht sich), und sie wird Hans Küng wahrscheinlich noch mehr Ekel verursachen, als er ohnehin schlucken muß, aber es wird ihn weder fällen noch treffen. Bei Karl Rahner, wenn er auftritt, und auch in seinem kleinen Buch, sehe ich etwas, das ich »entblößtes Herz« nennen möchte, und die Geschichte der einsamen, verbitterten, von Kirche und Umwelt im Stich gelassenen Theologen ist noch nicht einmal angefangen. 1975 (3/244ff)

Erwin Rommel

Da strömen sie nun hin, die Deutschen, um ihre empfindliche Ehre (die gegen Judenmord, KZ, Deportation so unempfindlich war, die sie ansonsten aber leicht befleckt glauben) chemisch gereinigt auf der Leinwand wiederzufinden. Kein Zweifel: die alliierte Fleckwasserperiode hat begonnen, und gewiß nicht zufällig taucht dieser Film über die drei letzten Lebensjahre Erwin Rommels gerade jetzt auf. Dem Besuch der Kollektivschuld folgt nun der Bogen der Verzeihung, und Erwin Rommel eignet sich vorzüglich für einen Film über jenen Typ, der sehr gefragt ist: persönlich integer, führergläubig, frischfröhlicher Draufgänger, so recht eine Art

Sonny Boy, der sich gut als Titelphoto für Illustrierte eignete, strahlend und aufrichtig, soviel Kredit bei Hitler genießend, daß er El Alamein nicht zum zweiten Stalingrad werden ließ. Und konsequent gerät Rommel in die Sackgasse seiner Naivität, die ihn annehmen ließ, ein Generalfeldmarschall Hitlers habe mit Politik nichts zu tun. Noch 1944 bedurfte er eines Beweises, daß Hitler ein Verbrecher war – ein bißchen viel Naivität. Und in der Auseinandersetzung mit Dr. Ströhlin fällt das Wort »und die Juden« (was soviel bedeutet wie 6 093 000 Morde). Immerhin, eingesehene Irrtümer sind keine mehr, und Rommel geht die Sackgasse bis ans Ende, läßt sich den öffentlichen Prozeß als Hochverräter gegen die Sicherheit seiner Frau und seines Sohnes aushandeln, und da wird die Sache etwas merkwürdig: in Afrika fielen Tausende für Hitlers Krieg, für Hitlers Sieg, Väter wie Rommel, Ehemänner wie Rommel, sie starben unter dem Feldzeichen, das Rommels Brust mindestens siebenfach zierte und nachher auch auf der Anklagebank zu lesen war: unter dem Hakenkreuz; Erwin Rommel aber nahm das Gift, das die Nazis ihm überreichten, und sprang am Ende der Sackgasse über die Mauer, hinter die keiner mehr blicken kann.

Da spricht Herr von Rundstedt etwas verspätet vom »böhmischen Gefreiten« (von dem er sich zum Generalfeldmarschall machen ließ), gibt zu, daß er eine Puppe ist, mit einer Generalfeldmarschallsuniform behängt, ist sich aber offenbar nicht der Schuld bewußt, die darin liegt, sich zur Puppe machen zu lassen. Denn Puppe zu sein, gereicht dem Mannequin, das seinen bitteren Reis damit verdient, zur Ehre, ziert aber nicht den Herrn Generalfeldmarschall. Der ganze Film übermittelt den Eindruck, daß Generäle und Generalstäbler von Humanität triefen; ihr einziges Sinnen und Trachten scheint es zu sein, Menschenleben zu retten, aber noch in der hoffnungslosen Lage bei El Alamein macht Rommel strategische Experimente, bei denen er zu lernen hofft – und was ein strategisches Experiment an Menschenleben kostet, mag ein Generalstäbler ausrechnen. Fragt sich nur, warum die Generäle nicht Vorsitzende von Lebensrettungsgesellschaften geworden sind, da die Bürde der Humanität gar so schwer ihre Schultern drückt.

Daß man Hitler durch einen fünftklassigen Komiker darstellen läßt, führt zu einer schrecklichen Offenbarung: im Kino wird gelacht, wenn er auftritt: da wird es wirklich gruselig, wenn die Deutschen zu lachen beginnen, sobald sie die hakenkreuztragende Ratte des Untergangs sehen. Aber – da bisher noch niemals irgendein Zweifel an der persönlichen Integrität Rommels geäußert worden ist, fragt man sich vergeblich, warum soviel Persil auf eine Wäsche verwandt wird, von der man weiß, daß sie sauber ist.

Seltsam genug, daß in einem Film über das Leben eines Marschalls kein toter Soldat zu sehen ist, nicht einmal ein Friedhof – wo man ansonsten doch in Hollywood in diesem Punkt nicht empfindlich ist: die Toten aber, die man in diesem Film nicht sieht – sie werden weder lebendig durch diesen Film, noch erscheint ihr Tod gerechtfertigt. Mögen sie willig oder widerwillig in den Tod gegangen sein unter dem Oberbefehl Rommels: gleichgültig weht der Wind der Wüste über ihre Gräber.   1952 (1/45f)

Andrej D. Sacharow und Aleksandr I. Solschenizyn

Aus Vernunft und als Sozialist, ausgestattet mit den Kenntnissen und Erkenntnissen der Naturwissenschaften und der Technologie, gibt der sowjetische Professor A. D. Sacharow einen prophetischen Ausblick auf die Zukunft der Menschheit, die ihm düster erscheint, wenn nicht . . . Dieser »Wenn nicht« gibt es zahlreiche in Sacharows Manifest *[Wie ich mir die Zukunft vorstelle]*, ich kann sie nicht alle aufzählen. Manche Probleme werden nur an-, einige ausgesprochen: Probleme der Geohygiene, der Rüstung, der mehrfachen Menschheitsvernichtungskapazität der bereits vorhandenen Atomwaffen. Er nennt den Rassismus, den Nationalismus, den Faschismus, eingehend kritisiert er nur da, wo jeder kritisieren sollte: am Leib des Staates, in dem er lebt, und da ich hier als Deutscher schreibe und Sacharow auch die »deutsche Frage« für ein ungelöstes und unheilvolles Problem hält, habe ich mit der deutschen Frage angefangen.

»Gebildet« hat sich Sacharows Manifest aus dem Milieu der wissenschaftlichen und technologischen Intelligenz, wo über Grundsätze und konkrete Fragen der Außen- und Innenpolitik und über die Zukunft der Menschheit große Besorgnis herrscht. Aus Sacharows Formulierungen spricht eine uneingeschränkte Ehrfurcht vor der Erde und ihren Bewohnern, den Menschen, eine Frömmigkeit, die man »christlich« nennen könnte, hätten die christlichen Parteien dieses Adjektiv nicht bis zur totalen

Schändlichkeit verunstaltet. Und mögen die Parade-Christen nun ihr schlaues Spiel treiben, und was »christlich« am Sozialismus Sacharowscher Prägung sein mag, als »verfremdetes Christentum« bezeichnen. Ich benenne diese ehrfürchtige Frömmigkeit nach dem Geist, aus dem sie kommt: sozialistisch. Ja, verfremdet haben sich die Christen: die Arbeiter, die Wissenschaften, die Künste sind ihnen endgültig davongelaufen. Mit List und Tücke erhalten sie in den Staaten, wo sie den Ton angeben, ihre absurd lächerliche Stände-Ideologie aufrecht, entfremden krampfhaft – und bisher mit Erfolg – diejenigen, die nach Sacharow zueinander gehören: Arbeiter, wissenschaftliche Intelligenz und Künste.

Während Sacharow, der ganz und gar aus dem »materialistischen Milieu« kommt, vor jeder Kombination der kybernetischen Technik (Computer) mit der Massenpsychologie warnt, jener tödlichen Maschine, die bei uns unter den schlichten Namen »Werbung« oder »Verbrauchertest« arbeitet und die genau auszurechnen weiß, was »ankommt« – während der »Materialist« Sacharow warnt, wird das Wort »Ankommen« auch in kirchlichen Kreisen (leider auch in Kreisen kirchlichen Widerstands) immer geläufiger. Nimmt man die Christen beim

Wort, die ihren »Advent«, die Ankunft, zum Ankommenwollen um jeden Preis geschändet haben, so offenbart ihre Sprache ihren Totalausverkauf. Die Ankunft, das Ankommen, vor dem Sacharow warnt, ist die An- und Niederkunft von thermonuklearen Waffen und Trägerraketen, deren Herstellung laut Sacharow bald nicht kostspieliger sein wird, als die Herstellung von Militärflugzeugen im Zweiten Weltkrieg war.

Sacharows Manifest ist ein Hilferuf der Vernunft und der Erkenntnis, der Hilferuf eines Naturwissenschaftlers, den Einsichten und Forschungsergebnisse weder zynisch noch eitel oder blind gemacht haben und der sich nicht von popularisierbaren Effekten der Wissenschaft, etwa der Weltraumfahrt, in Euphorie versetzen läßt.

Es mag schon sein, daß Schriftsteller und Künstler gelegentlich zu früh und ohne Grund außer sich geraten. Ein »zu früh« – und es gibt kaum eins – richtet keinen Schaden an, wenn die Politiker immer und immer wieder zu spät zur Vernunft kommen. Vereinfacht interpretiert, erwartet Sacharow eine Vorverlegung der Vernunft in die Politik, und es ist gewiß kein Zufall, es mag der Einsicht und Einsamkeit des Wissenschaftlers entsprechen, daß er die Abschaffung jeglicher politischen Zensur für eine unerläßliche Bedingung der Vernunft hält.

Er sieht in den Künsten und in der Literatur Bundesgenossen. Das mag auf den ersten Blick überraschen, wird bei näherem Zusehen verständlich: Während die Wissenschaftler und Technologen immer weiter ins Weltall vordringen und dort möglicherweise in der Unfaßbarkeit der Organisation des Kosmos etwas von der Unfaßbarkeit Gottes spüren, spüren sie wohl gleichzeitig auch die Trauer der Erdverlassenheit, und es könnte ihnen das, was man Kunst nennt – und man mag noch soviel Untröstlichkeit, sogar Trostlosigkeit und »Schmutz« dieser Erde »verkünden« – als die wahre Offenbarung des Irdischen erscheinen. Aus dieser Erde, auf dieser Erde von aus Erde Gemachten für aus Erde Gemachte gemacht, wird sie zur Stimme des Menschen, Trost in der Einsamkeit und Angst in Laboratorien und an Zeichenpulten, deren Exaktheit von der Erde weg ins Unendliche führt. Ich kann mir vorstellen: Wenn da einer auf dem Weg zum Mars wäre, und es wären alle Funkverbindungen zu seiner Kommandostelle abgebrochen, und er erwischte auf Grund eines unvorhersehbaren technischen Zufalls von irgendwoher den albernsten Song, er würde wohl weinen, weil er die »Stimme der Erde« hört. Oder hörte er auf Grund eines anderen technischen Zufalls »Pornographie«: wahrscheinlich würde er da oben im Weltraum den Zensor segnen, dem sie entgangen ist. Die vernünftigste und utopischste der Sacharowschen Forderungen ist, neben den politischen für die Geohygiene, die Bekämpfung des Hungers und die Rüstungsbeschränkung, die Forderung nach Informationsfreiheit und Abschaffung der Zensur.

Was Sacharow der Sowjetregierung vorwirft, ist nicht Sozialismus, sondern der Mangel an Sozialismus. Nicht mit Vernunft, nur mit Unvernunft ist es zu erklären, daß etwa Solschenizyns Romane ausgerechnet denen nicht zugänglich sind, in deren Sprache sie geschrieben sind. Das sind Vorenthaltungen unvernünftiger Art. Solschenizyn »bewältigt nicht Vergangenheit«, er schafft Gegenwart, indem er Licht in jene düstere Periode sowjetischer Geschichte bringt, von der wir alle *für* und nicht *gegen* die Sowjetunion hoffen, daß sie vergangen bleibe.

Kein deutscher Roman, keiner, hat (das mag an unserer vorläufig-endgültigen Provinzialisierung liegen) so viel Licht in die Dunkelheit deutscher Vergangenheit gebracht wie Solschenizyns *Erster Kreis der Hölle,* den die Sowjetbürger im Jahre 2000 als ihr *Krieg und Frieden* des 20. Jahrhunderts erkennen werden, den sie jetzt schon nicht als Beschimpfung, sondern als Erlösung sollten begrüßen dürfen. Es gibt keinen Roman der Sowjetliteratur (keinen publizierten jedenfalls), der diesem vergleichbar wäre, gewiß nicht Pasternaks *Doktor Schiwago*. Und der *Erste Kreis der Hölle* ist von jemandem geschrieben, der 1918, also ein Jahr nach der Revolution, geboren ist. Ein vorenthaltenes Werk dieser Größe verliert nicht an Kraft, es gewinnt, weil es gegenwärtig ist.

Ist die Sowjetregierung so schwach, daß sie einen Roman, daß sie Romane zu fürchten hat? Ich kann es nicht glauben. Der Index hat der Römischen Kirche mehr Lächerlichkeit als Nutzen gebracht, und das Imprimatur-Privileg bischöflicher Kanzleien ist nur ein peinlicher Rest jener Bangigkeit vor dem Geist, der weht, wo er will. Ob die Sowjetregierung diese ihre Form des Imprimatur-»Klerikalismus« beibehalten will? Es ist schon recht, wenn Solschenizyn gegen Publikationen im Westen protestiert, solange seine Werke in der Sowjetunion nicht erscheinen dürfen, und doch möge er uns erlauben, daß wir seine Romane hier mit Freude, nicht mit Triumph begrüßen. Bis zum Jahr 1962 erfuhr ich auch nur aus der Zeitung, ob ein Buch von mir und welches in der Sowjetunion erschienen war, und doch empfand ich nichts daran als ärgerlich, obwohl ich mich durchaus nicht zu denen zähle, die den Deutschen mit Freundlichkeiten aufwarten.

Sacharows Gedanken zur Geburtenregelung sind von einer delikaten Humanität, die alle überraschen mag, die sich mit Vorurteilen gegenüber der »materialistisch« geschulten Intelligenz haben füttern lassen. Er nennt dieses Problem »heikel«, erklärt Sterilisationspläne für schlechthin »barbarisch«, hält eine standardartige, dogmatische Lösung »für alle Zeiten und alle Völker für falsch«, erkennt die »Vielschichtigkeit« des Problems, und das verkürzte westliche Geschrei derer, die blindlings »für« oder »gegen« die »Pille« sind, verblaßt dagegen zu einem demagogischen Gestammel, hinter dem man den wahren Materialismus erkennt: Angst um die Börsenkurse der Pillenhersteller oder Angst vor dem Nachwuchs an billigen Arbeitskräften.

Politik wird, so scheint es, immer zu spät mit Vernunft unterlegt.   1969 (2/348ff)

Abschied vom Zorn

Da wird eine Rüstung aufgebaut, ganze Batterien von Pershings und Cruise Missiles, die uns ins Unterhaltungszeitalter hineinbombardieren werden. Diese elektronische Atomisierung scheint nicht aufzuhalten zu sein –

Zorn? Nein. Angst um Kinder und Enkelkinder vor dieser Sorte Rüstung, wo die Angst vor den Raketen doch ausreichen könnte.

Angst, und ich erwarte, wenn nicht ein Zeitalter, so doch eine Periode der Schamlosigkeit, und vielleicht hat sich mein Zorn deshalb nicht gemeldet, weil er so ein gefragter Artikel ist; nachdem man den Zorn der jungen Männer so rasch verbraucht hat, ist neuerdings der Zorn der Alten gefragt, und dabei ist mir und meinem Zorn in Zeiten der Schamlosigkeit nicht wohl.

Ich habe den Verdacht, wenn Zorn zum gefragten Artikel wird, ist er funktionalisiert; man hat dann seine diensthabenden Zornigen, die im schlaffen Schlummer der trägen Mehrheit die Funktion des Weckers übernehmen, den man etwas früher einstellt, damit man mit erhöhtem Genuß noch eine Weile weiterschlafen kann.

Mein Zorn und ich halten es für angebracht,
eine Weile zurückhaltend zu sein; wir beide erleben seltsame Formen der Ermutigung aus den
sonderbarsten Ecken, uns ist dieses heftige Begehren nach Zorn nicht geheuer.   1982
(4/73f)

Alfred Andersch

Der gute Mensch von Köln

Bei dieser Überschrift ist mir nicht ganz wohl. Böll ist nämlich nicht nur ein guter Mensch. Zum Beispiel dann nicht, wenn er schreibt. Wenn er schreibt, ist er ein harter Arbeiter, schlau, der sehr genau weiß, daß man mit Güte allein in der Literatur nicht sehr weit kommt. Sondern mit Härte (gegen sich selber), Zumutungen (an den Leser), Kunstverstand, Genauigkeit. Ein harmloser Autor ist er nicht. Sein Stil ist eher unauffällig, steckt aber voller Überraschungen. Experimentelles hat er nie geschrieben, aber dafür gelingen ihm manchmal Stücke von satirischer Wucht, wie *Nicht nur zur Weihnachtszeit* oder die Knopf-Episode aus *Gruppenbild mit Dame*. Er ist ein Humorist, umwerfend komisch, mit einem Blick für menschliche Schwächen. Er hat eine Geschichte geschrieben, die heißt *Mein trauriges Gesicht,* und tatsächlich hat er ein schwermütiges Gesicht. Alles, was er macht, lebt aus dieser Spannung zwischen Komik und Melancholie.

Dieser Mann mischt sich in alles ein. Seine Interventionen in die öffentlichen Angelegenheiten sind zahllos. Als engagierter Schriftsteller ist er ein Mann von nicht nachlassender Güte, voller Verständnis für den Gegner auch dann noch, wenn er polemisiert. Seine Polemik ist von sozusagen gütigem Grimm. Ist er ein Bußprediger? Ich glaube, ja. Aber er kennt keine Selbstgerechtigkeit.

Der Erfolg seines Werkes ist staunenswert. Seine Bücher sind häufig gar nicht leicht zu lesen, trotzdem ist er der Schriftsteller, der von Hunderttausenden wirklich gelesen, nicht nur ins Regal gestellt wird. Ich vermute, daß ihre Wirkung auf ihrer Echtheit beruht. Alles, was Böll schreibt, ist glaubhaft, von unbedingter Ehrlichkeit. Ein Schriftsteller ohne Falsch.

Man hat Heinrich Böll seine Moralität und Humanität schlecht gelohnt. Ich befand mich gerade in Westdeutschland, als Schleyer entführt wurde und die Hetze der Springer-Presse gegen Böll losbrach. (An dem Ort, wo ich mich aufhielt, gab es nur »Die Welt« und die »Bildzeitung« zu lesen – es gibt in Deutschland ganze Landstriche, in denen es keine Pressefreiheit mehr gibt.) Er war der intellektuelle Urheber des Terrorismus, der Schreibtischtäter. Die Rotationsmaschinen spien Beleidigungen aus, der Terror der rechtsgerichteten Monopolpresse überschlug sich. Rache für die *Katarina Blum?* Möglich. Dennoch bleibt es ein Rätsel, daß gerade Böll zur eigentlichen Leitfigur des »Intellektuellen« und »Sympathisanten« gemacht wurde. Das Rätsel löst sich, wenn man an seine Güte denkt. Er ist nicht hart wie Grass oder Wallraf, nicht scharf wie Frisch oder Enzensberger, sondern weich, verletzlich, das prädestiniert ihn zum Opfer. Die Qualität des Verständnisses, das er für alles aufbringt, macht ihn wehrlos. Daß er ein Christ ist, macht ihm das Leben schwer.

Ich sprach ein paarmal mit ihm, während seines Aufenthalts in der Schweiz im vergangenen Sommer. Er klagte darüber, daß er in Köln nirgendwohin mehr gehen könne. Ich dachte, er spräche von seiner Berühmtheit, von den Nachteilen seiner Prominenz. Aber er sagte, er würde auf der Straße angepöbelt. Das war lange vor der Schleyer-Entführung. Ich glaube, jetzt schwebt er in Lebensgefahr. Er fuhr ungern nach Köln zurück. Etwas später erzählte er mir, daß er nun die fünfte Hausdurchsuchung hinter sich habe. Zuletzt habe man ein altes Arbeitszimmer von ihm durchsucht, um Schleyer zu finden; danach habe ihm aber die Kölner Polizei wenigstens mitgeteilt, daß sie den Gesuchten doch nicht gefunden habe. Er schien dankbar dafür zu sein. Es ist schwierig, in Deutschland ein Nobelpreisträger zu sein.

Böll hat einmal, vor Jahren, einen kapitalen Einfall gehabt. Das war, als er in die Diskussion um Ulrike Meinhof den Begriff der *Gnade* einführen wollte. Weltfremder, gütiger kann nicht gesprochen werden, doch niemand sah, daß mit diesem Wort das einzige neue und schöpferische Wort in dieser Angelegenheit gesprochen worden war, das einzige, das hätte *helfen* können. Noch heute warte ich auf den Hirtenbrief der deutschen Bischöfe, in dem sie das Wort von der Gnade aufnehmen, den einsamen Gedanken eines einsamen Christen.

Nachweis

1 *Essayistische Schriften und Reden 1.* 1952–1963.
Kiepenheuer & Witsch, Köln 1979
2 *Essayistische Schriften und Reden 2.* 1964–1972.
Kiepenheuer & Witsch, Köln 1979
3 *Essayistische Schriften und Reden 3.* 1973–1978.
Kiepenheuer & Witsch, Köln 1980
4 *Ein- und Zusprüche.* Schriften, Reden und Prosa.
1981–1983. Kiepenheuer & Witsch, Köln 1984

Am Schluß der Zitate ist das Erscheinungsjahr des
Textes, dem sie entnommen sind, angegeben. Die
Zahlen in den Klammern geben das jeweilige Werk
und die zitierte Seitenzahl an.

Alfred Andersch
im Diogenes Verlag

empört euch der himmel ist blau
Gedichte und Nachdichtungen 1946–1977
Pappband

»... einmal wirklich leben«
Ein Tagebuch in Briefen an Hedwig Andersch
1943 – 1975. Herausgegeben von Winfried
Stephan. Leinen

Erinnerte Gestalten
Frühe Erzählungen. Leinen

Die Romane
Vier Bände in Kassette: Sansibar oder der
letzte Grund / Die Rote / Efraim / Winterspelt. Leinen

Die Kirschen der Freiheit
Ein Bericht. detebe 20001

Sansibar oder der letzte Grund
Roman. detebe 20055

Geister und Leute
Zehn Geschichten. detebe 20158

Die Rote
Roman. Neue Fassung 1972. detebe 20160

Ein Liebhaber des Halbschattens
Drei Erzählungen. detebe 20159

Hörspiele
detebe 20095

Efraim
Roman. detebe 20285

*Mein Verschwinden in
Providence*
Neun Erzählungen. detebe 20591

Aus einem römischen Winter
Reisebilder. detebe 20592

Die Blindheit des Kunstwerks
Literarische Essays und Aufsätze
detebe 20593

*Ein neuer Scheiterhaufen
für alte Ketzer*
Kritiken und Rezensionen. detebe 20594

Winterspelt
Roman. detebe 20397

*Öffentlicher Brief an einen
sowjetischen Schriftsteller, das
Überholte betreffend*
Reportagen und Aufsätze. detebe 20398

Neue Hörspiele
detebe 20595

Einige Zeichnungen
Graphische Thesen. detebe 20399

Der Vater eines Mörders
Erzählung. Mit einem Nachwort für Leser
detebe 20498

Flucht in Etrurien
Drei Erzählungen aus dem Nachlaß
detebe 21037

*Hohe Breitengrade oder
Nachrichten von der Grenze*
Ein Reisebericht mit 48 Farbtafeln nach
Aufnahmen von Gisela Andersch
detebe 21165

Wanderungen im Norden
Reisebericht. Mit 32 Farbtafeln nach
Aufnahmen von Gisela Andersch
detebe 21164

Das Alfred Andersch Lesebuch
Herausgegeben von Gerd Haffmans
Mit Lebensdaten und einer Bibliographie
detebe 20695

Als Ergänzungsband liegt vor:

Über Alfred Andersch
Essays, Aufsätze, Rezensionen von Thomas
Mann bis Arno Schmidt. Interviews, Chro-
nik, Bibliographie der Werke. Auswahlbiblio-
graphie der Sekundärliteratur. Erweiterte
Neuauflage 1980. detebe 20819

Friedrich Dürrenmatt
im Diogenes Verlag

● **Das dramatische Werk**

Achterloo
Komödie. Leinen

Es steht geschrieben / Der Blinde
Frühe Stücke. detebe 20831

Romulus der Große
Ungeschichtliche historische Komödie
Fassung 1980. detebe 20832

Die Ehe des Herrn Mississippi
Komödie und Drehbuch. Fassung 1980
detebe 20833

Ein Engel kommt nach Babylon
Fragmentarische Komödie. Fassung 1980
detebe 20834

Der Besuch der alten Dame
Tragische Komödie. Fassung 1980
detebe 20835

Frank der Fünfte
Komödie einer Privatbank. Fassung 1980
detebe 20836

Die Physiker
Komödie. Fassung 1980. detebe 20837

Herkules und der Stall des Augias
Der Prozeß um des Esels Schatten
Griechische Stücke. Fassung 1980
detebe 20838

Der Meteor / Dichterdämmerung
Nobelpreisträgerstücke. Fassung 1980
detebe 20839

Die Wiedertäufer
Komödie. Fassung 1980. detebe 20840

König Johann / Titus Andronicus
Shakespeare-Umarbeitungen. detebe 20841

Play Strindberg / Porträt eines Planeten
Übungsstücke für Schauspieler
detebe 20842

Urfaust / Woyzeck
Bearbeitungen. detebe 20843

Der Mitmacher
Ein Komplex. detebe 20844

Die Frist
Komödie. Fassung 1980. detebe 20845

Die Panne
Hörspiel und Komödie. detebe 20846

Nächtliches Gespräch mit einem erachteten Menschen/Stranitzky und der Nationalheld/Das Unternehmen der Wega
Hörspiele und Kabarett. detebe 20847

Achterloo IV
Komödie. Mit einem Nachwort des Autors
detebe 21789

Friedrich Dürrenmatt & Charlotte Kerr

Rollenspiele
Protokoll einer fiktiven Inszenierung und
Achterloo III. Leinen

● **Das Prosawerk**

Versuche
Leinen

Durcheinandertal
Roman. Leinen

Aus den Papieren eines Wärters
Frühe Prosa. detebe 20848

Der Richter und sein Henker
Der Verdacht
Kriminalromane. detebe 20849

Der Hund / Der Tunnel / Die Panne
Erzählungen. detebe 20850

Grieche sucht Griechin / Mr. X macht Ferien / Nachrichten über den Stand des Zeitungswesens in der Steinzeit
Grotesken. detebe 20851

Das Versprechen / Aufenthalt in eine kleinen Stadt
Ein Requiem auf den Kriminalroman und ein Fragment. detebe 20852

Der Sturz / Abu Chanifa und Anan Ben David / Smithy / Das Sterben der Pythia
Erzählungen. detebe 20854

Theater
Essays, Gedichte und Reden. detebe 20855

Kritik
Kritiken und Zeichnungen. detebe 20856

Literatur und Kunst
Essays, Gedichte und Reden. detebe 20857

Philosophie und Naturwissenschaft
Essays, Gedichte und Reden. detebe 20858

Politik
Essays, Gedichte und Reden. detebe 20859

Zusammenhänge/Nachgedanken
Essay über Israel. detebe 20860

Der Winterkrieg in Tibet
Stoffe 1. detebe 21155

Mondfinsternis / Der Rebell
Stoffe 11/111. detebe 21156

Der Richter und sein Henker
Kriminalroman. Mit einer biographischen Skizze des Autors. detebe 21435

Der Verdacht
Kriminalroman. Mit einer biographischen Skizze des Autors. detebe 21436

Justiz
Roman. detebe 21540

Der Auftrag
oder Vom Beobachten des Beobachters der Beobachter. Novelle in vierundzwanzig Sätzen. detebe 21662

Minotaurus
Eine Ballade. Mit Zeichnungen des Autors detebe 21792

● **Das zeichnerische Werk**
Bilder und Zeichnungen
Mit einer Einleitung von Manuel Gasser und Kommentaren des Künstlers. Diogenes Kunstbuch

Die Heimat im Plakat
Ein Buch für Schweizer Kinder. Zeichnungen. Mit einem Geleitwort des Künstlers kunst-detebe 26026

● **Gesammelte Werke**
Herausgegeben von Franz Josef Görtz Leinen

Außerdem liegen vor:
Die Welt als Labyrinth
Ein Gespräch mit Franz Kreuzer. Broschur

Denkanstöße
Ausgewählt und zusammengestellt von Daniel Keel. Mit sieben Zeichnungen des Dichters. detebe 21697

Über Friedrich Dürrenmatt
Essays, Zeugnisse und Rezensionen von Gottfried Benn bis Saul Bellow. Mit Chronik und Bibliographie. Herausgegeben von Daniel Keel. detebe 20861

Elisabeth Brock-Sulzer
Friedrich Dürrenmatt
Stationen seines Werkes. Mit Fotos, Zeichnungen, Faksimiles. detebe 21388

Hugo Loetscher
im Diogenes Verlag

Vom Erzählen erzählen
Münchner Poetikvorlesungen. Mit einer Einführung
von Wolfgang Frühwald. Broschur

Die Fliege und die Suppe
und 33 andere Tiere in 33 anderen Situationen
Fabeln. Leinen

Wunderwelt
Eine brasilianische Begegnung
detebe 21040

Noah
Roman einer Konjunktur. detebe 21206

Herbst in der Großen Orange
detebe 21172

Der Waschküchenschlüssel
oder Was – wenn Gott Schweizer wäre
Geschichten. detebe 21633

Der Immune
Roman. detebe 21590

Die Papiere des Immunen
Roman. detebe 21659

Die Kranzflechterin
Roman. detebe 21728

Abwässer
Ein Gutachten. detebe 21729

Außerdem liegt vor:

Das Hugo Loetscher Lesebuch
Herausgegeben von Georg Sütterlin
detebe 21207